Rethinking
Reconstructing
Reproducing

*

"精神译丛"
在汉语的国土
展望世界
致力于
当代精神生活的
反思、重建与再生产

*

La Mésentente
Politique et philosophie

Jacques Rancière

———————

[法]雅克·朗西埃 著　刘纪蕙 林淑芬 陈克伦 薛熙平 译

精神译丛·徐晔　陈越 主编

———————

歧义：政治与哲学

西北大学出版社

雅克·朗西埃

photo copyright © Éditions Galilée

目　录

序　/　1

第一章　政治的起点　/　11
第二章　错误：政治与治安　/　35
第三章　歧义之理性　/　63
第四章　从"元政治"到"后设政治"　/　85
第五章　民主，抑或共识　/　123
第六章　在其虚无主义时代的政治　/　157

附录　/　183
　专名索引　/　185
　人名索引　/　197

后记　/　199
　一、感受性体制、理解与歧义、理性与计算、
　　　间距与"空"　刘纪蕙　/　200
　二、"政治哲学"、政治、治安　林淑芬　/　212
　三、民主/后－民主、共识　陈克伦　/　228
　四、人、人性、人权、人道主义　薛熙平　/　239
参考文献　/　246

序
Avant-propos

> 在什么方面平等与不平等呢?这是不容忽视的问题,因为这正是难题之所在,也是政治哲学之所在。
>
> 亚里士多德《政治学》第三卷第12章1282b 21

政治哲学存在吗?这个问题显得不甚恰当,其原因有二:首先,从我们的哲学传统之开端,便已经存在着对于共同体及其目的之反省,也思考了法律与其奠基处的问题,这种思考一直具有生命力。其次,政治哲学对于其复返以及新兴生命力的宣示,已经持续了一段相当长的时间。马克思主义将政治视为社会关系的表现方式与替代性伪装,使得政治服从于社会性,并且使政治被社会科学占据,而长久被羁绊。在国家马克思主义瓦解与乌托邦终结之今日,由于社会性的撤退及其暧昧性,政治哲学开始复返,并且重新进行对于政治本身纯粹原则与形式之反思。

然而,这个复返的政治哲学却揭露了几个问题。当这个复返不将自身局限于其历史中重要的或是被遗忘的特定文本之评论,政治哲学的思考便难以超越国家行政官僚对于民主与法律的争议,以及关于权利/法律(le droit)与法治国家(l'État de droit)的辩论。简言之,这个复返的政治哲学似乎特别着重于如何确认古典教条与自由民主国家合法形式之间的联系。但是,这个复返的政治哲学与作为对象的政治之间相符的假设并没有充分的证据。当人们以社会、社会运动或社会科学之名质疑政治时，政治从街头、工厂或学校的出现模式与实践场所仍然呈现了其特有的多样性。但是，当今复返的政治哲学却表现了过于谨慎的模式以及匮乏的场所。人们或许会说，被纯净化的政治正好重新找到了审议与决定共同利益的适当场所——也就是讨论与立法的议会、解决事务的国家领域、监督审议与决策是否合于共同体奠基之法的最高司法机构。但是，很不幸的是，这些场所本身却正好暴露了令人失望的各种说法，包括没有任何问题值得如此慎重考虑、决策本身会自然形成、任何政治工作都只不过是世界市场需求之适当调节，以及调节之得失有其公平分配之原则。因此，透过各种权威代表的介入，政治哲学的复返同时也宣称了去政治化的事实。

　　我们必须回溯政治哲学出现的第一个重要事实，以便说明这种独特现象：虽然哲学之中几乎总有政治，却不能证明政治哲学就是哲学知识之树的自然旁枝。在笛卡儿那里，政治并不被列为哲学主干的旁枝，而医学与道德显然涵盖了所有其他哲学交会的范畴。我们传统中第一位面对政治的哲学家柏拉图只以极端例外的形式处理此问题：苏格拉底作为哲学家，他从来没有思考过雅典的政治；他是唯一"实践真实政治艺术"的雅典人，并且以**真正的**政治来对抗在雅典以政治之名所进行的事务。① 政治与哲学的第一次交会，是二选一的情况：政客的政治，或是哲学家的政治。

---

① 柏拉图，《高尔吉亚篇》（Gorgias），521d。

这种柏拉图式的粗暴区分，阐明了政治哲学的承诺及政治手段的谨慎之间的暧昧关系。无论政治反思如何具有批判力，政治哲学并不就是哲学之自然旁枝。没有任何哲学是来自对于人类之科学、艺术、政治或其他不同行为的重要形式与其法则的反思。哲学并不借由区分来作为哲学自身之基本概念范畴，或是作为哲学反省自身及其法则的范畴。哲学的独特对象，正是政治、艺术、科学及任何其他思想活动交会的思想环节，而这些环节本身便携带着悖论、冲突与难题的标记。亚里士多德以一句话向我们指出作为名词的"哲学"与作为形容词的"政治性"（l'adjectif "politique"）之最早交会："平等与不平等，这是不容忽视的问题，因为这正是难题之所在，也是政治哲学之所在。"① 当哲学拥抱这个属于政治（la politique）的难题或困境时，哲学便成为"政治性"的。政治是以平等为原则所进行的活动——后面的讨论会回到这一点；然而，平等原则在共同体成员的分配难题中发生了变化：关于什么事情的平等？什么人之间的平等？"哪些事情"？"哪些人"？平等如何由平等与不平等所构成？这些是属于政治的难题，也因此政治成为哲学的难题，一个属于哲学的课题。我们不应该采取以哲学来拯救政治、科学与艺术之实践者的虔敬观点，也不该认为哲学可以透过其操作原则来说明难题的原因。哲学不会拯救任何人，也没有任何人会要求哲学之拯救。虽然社会需求已经建立了习惯法则，使得政治家、律师、医师或是任何其他机构要一起合作思考特定问题时，都会邀请哲学家以专家身份加入，发表一般性

---

① 亚里士多德，《政治学》（*Politique*），Ⅲ，1282b 21.

的感想。但是，为了使这种对于哲学的邀请能够产生一些思考的效果，我们必须要在此交会处寻找其中的"歧义点"（point de mésentente）。

关于歧义，我们理解为这是一种被限定的说话情境：对话之一方同时理解（entend）与不理解另一方所说的话。歧义并不是指一方说白色而另一方说黑色的冲突，而是另一种冲突，也就是双方都说白色，但是所理解的却完全不是同一件事，或是完全不理解另一方以白色之名所说的同一件事。此处的概括陈述，显然需要更为准确的界定，以便让我们可以进一步区分。歧义不是错误认识（méconnaissance）：误识观念假设对话的一方或是另一方或是双方的单纯无知、刻意掩饰，或是内在蒙蔽之效果，而不知道他们在说什么，或是不知道另一方在说什么。歧义也不是由于词语之不精确而导致的错误理解（malentendu）：今日特别受到重视的一种古老智慧哀悼人们由于交换的词语过于模糊而难以彼此了解；这个古老智慧要求我们无论何处——尤其是涉及真理、善与正义时——都要尝试赋予每一个词语有别于其他字义的确切意义，并且放弃那些不表示确切属性或是同音异义之混淆词语。于是，这种智慧以哲学之名，取用语言经济学之规则作为哲学特有的操作方式。相反的情形亦然。这种智慧抨击哲学，认为哲学仅仅提供空洞词语与无法还原的同音异义，并且建议每一种人类活动都要透过清除所有被哲学侵占的词汇与概念，以便澄清自身。

关于错误认识及错误理解的争论，召唤了两种语言治疗的处方，两者寻找说话意味着什么的类似解答。其局限显而易见：第一种处方必须时常预设错误认识之背面便是被保留的知识；

第二种处方则在各种范畴强加理性的禁令。然而，多数理性运作的话语情境，都可以放在一种特定的歧义结构中加以思考。歧义并非错误认识，因此不需要知识的补遗；歧义亦非错误理解，因此并不要求词语纯净。歧义的情况是，在争执说话内容的意义时，已经构成了话语情境之合理性（rationalité）。对话者既理解又不理解同样词语中的同样事物。X 同时理解与不理解Y，其背后有各种不同的理性：原因是当清楚地理解另一方在说什么的同时，他却无法**看到**另一方所论及的对象；或者，原因是他理解并且必须理解同一个词语之内的另一个对象，看见并且希望揭示同一项论证中的另一种理性。于是，在《理想国》（République）中，"政治哲学"始于所有人都同意但是却带有歧义论点的冗长报告：正义是给予每一人所应得之份额。要说出其所理解的正义，最方便的做法，无疑是让哲学家运用有别于诗人、商人、演说家与政客的完全不同之词语。神祇显然并不提供这些词语，而迷恋语言本身的人，也只能够在完全无法被理解的代价之下提供一些补充而已。当哲学遇见诗、政治与诚实商人的智慧时，哲学便必须使用他人的词语，以便说明哲学所说的完全是另一回事。就在此处，歧义发生了：这并不只是误解而已。这单纯地说明了同样使用他人的语句，而他人却不知道。

这也就是说，歧义并不仅仅发生在词语层面而已，歧义通常发生于说话的情境本身。此处，歧义与利奥塔（Jean-François Lyotard）透过歧论（différend）之名而厘清之概念不同。① 歧义

---

① 让-弗郎索瓦·利奥塔，《歧论》（Le Différend），Minuit，1983.

无关惯用语体制之异质性，也无关异质论述类型的判别法则存在与否。歧义所关系的，与其说是辩论本身，更应该说是关于什么是可辩论的根本问题；也就是说，是关于 X 与 Y 之间某个共同对象之在场或不在场的问题。歧义关乎共同对象之感受性的呈现，也就是对话者呈现此对象之特性本身。歧义的极端情境是，X 无法看到 Y 向他呈现的共同对象，因为他无法理解 Y 所发出的声音其实构成了与他自己所使用的相似的词语以及词语的安排。正如我们将会讨论到的问题，这个极端情境首先涉及了政治（la politique）。当哲学同时遭遇了政治与诗，歧义便关系着利用说话来争论之人的问题。歧义之结构正在于论证中讨论对象及讨论资格如何构成的争议点。

以下的章节将会尝试界定一些路地标，以便理解被当作哲学对象之政治难题背后的歧义。我们要检验以下几个假设：被称作"政治哲学"者，恰恰是哲学试图要终结政治的一套思想操作；这个思想操作正是抹除政治实践的思想闹剧。这个理论闹剧（scandale théorique）不是其他，而正是歧义之合理化：使政治成为闹剧对象的原因是，就合理性而言，政治是具有歧义合理化的活动。于是，透过哲学的政治之歧义，基本上便有歧义合理化之简化过程。哲学将歧义逐出自身，于是此操作自然地等同于"真正"进行政治之计划，并且实践政治所谓的真正本质。哲学不会因为政治是重要的，并且必须进行干预，而成为"政治性"（politique）；哲学成为政治性的，是因为必须澄清政治（la politique）之合理化情境，而这正是哲学之为哲学的一个条件。

这本书依照以下顺序展开：首先，从公认的创始者亚里士多德定义政治的特有"**话语理性**"(logos)开始。然后,在话语理性-政治性的动物(l'animal logico-politique)之限制性条件下,揭露**话语自身**的分歧,而使政治之**属性**出现:这是哲学拒绝柏拉图,而试图从亚里士多德那里所挪用之处。从亚里士多德的文本出发,以及此文本所未及之处,我们将试图回答以下问题:政治性之名(le nom de politique)有什么特殊性可供思考?对于这种特殊性的思考,使我们必须先将其从政治的一般意义区分开来。我建议将一般意义的政治保留以"治安"(police)之名称呼。① 以此处的区分开始,我们首先试图定义属于政治理性的歧义逻辑,然后处理遮掩此区分的"政治哲学"之原理与主要形式。我们接着将思考在政治实践领域中,"政治哲

---

① 关于 police 一词的译法,翻译小组进行了深入的讨论。中文学界目前有警治、制域等不同译法。梅谊(Todd May)曾经指出,朗西埃沿用了福柯的概念,以 police 来指建立社会秩序共识的治理机制。福柯在 20 世纪 70 年代的讲课处理的便是起源于 17 世纪的 policing 问题,police 原先并不是军事性的管理,而是关于城邦健康的管理。police 的概念包含了国家公民生命的生理机能以及生产力的规范,这与福柯所发展的治理性(governmentality)概念是一致的(May, 41-42)。对于朗西埃而言,police 意指稳定而同质的共同体所依循的共识结构,包括共享语言、感知结构、伦理习性、社会组织、司法结构以及美学规范,这些稳定的共识结构事先决定了人们参与社会与表达自己的方式。翻译小组部分成员认为以 police 的字根 politeia 来考虑,可以采用"治理"来翻译 police 所指涉的稳定共识状态以及城邦管理,以有别于被局限于作为政府管理基层的"警察""保安""维安"的现代意义;其他成员则认为应该采用"治安",以有别于福柯的"治理";此外,"治安"也泛指社会秩序安定管理分配的积极意义。虽未达共识,但是为求统一,本译本一律以"治安"翻译 police。——译注

学"之复返所带来的影响。从此处展开,我们可以导引出几个思考的地标,以便厘清民主之名如何被理解,民主及其实践与共识体系之正当化有何差别,并且评估以政治终结与其复返之名所进行的实践意味着什么,以及以无疆界之人性为名而狂热和以非人性统治之名表达哀悼所牵涉的种种问题。

我必须在此处表达双重的感谢:首先,我要向那些慷慨邀请我讨论关于政治、民主与正义的人致谢,他们最终说服我,使我发现有一些特别要说的问题;其次,我也要向那些透过公开的、私下的以及偶尔沉默的对话而激发我灵感的人致谢,他们使我致力于这些特殊性的定义工作。他们每个人都知道此处匿名的致谢中他们自己所占据的位置。

第一章
政治的起点

Le commencement de la politique

让我们从头开始谈起,也就是从亚里士多德《政治学》第一卷著名的段落开始。此处,他界定了人类动物最为显著的政治性本质,同时也依此建立了城邦的基础:

> 所有的动物之中,只有人类掌握了说话(parole)的能力。声音(voix)无疑是用来标示痛苦或是快乐的工具。其他动物也可以拥有声音,但是它们的本性仅止于此:它们具有快乐与痛苦的感受,也可以彼此传达这些感受。然而,说话的功能则在于表达什么是有用(l'utile)或是有害(le nuisible),以及其所相应的什么是公正(le juste)或是不公正的(l'injuste)的区分。因此,人类与其他动物之间真正的差别,就在于只有人类是具有好坏以及公正与否之感受。这些事物构成的集合体形成了家庭与城邦。①

人类政治天性的概念已经浓缩在这段话之中。根据霍布斯(Thomas Hobbes)的说法,这是一个**古代人**的幻想综合体(chimère)。霍布斯试图透过人性动机论的精确科学来取代;相反,列奥·施特劳斯(Leo Strauss)则认为这是一种关于共同利

---

① 亚里士多德,《政治学》,Ⅰ,1253a 9 –18.

益／共同善（bien commun）以及市民教育的永恒政治原则，并借以对立于现代功利主义恢复共同体的需求。不过，无论是挑战或是宣扬这种天性，可能都需要先进入其独特的推论。人类至高的政治目标可以由一个**指标**证实：人类拥有"话语"（logos），也就是拥有可以**表达**的说话能力（la parole），而声音只有**标示**（indique）的功能。说话所表达的，对于理解此话语的共同体臣民／主体而言是显而易见的，正是有用（l'utile）与有害（le nuisible）的区别所产生的公平与否的区别。是否拥有这种表达的器官，则标记了参与感受经验两种不同方式的动物之分界线：拥有声音的所有动物所共有的愉悦与痛苦，以及只有人类才有的好坏善恶之别，而这种区别早已出现在有利与有害的知觉之中。建立于此基础之上的，不是排他性的政治活动，而是一种可以在家庭与城邦中实现的更高等级的政治活动（politicité）。

在这个简要清晰的说明中，仍有许多模糊之处。显然任何柏拉图的读者都会知道善的客观性与令人舒服愉快的相对性有别。但是，两者之间**感知**的区分与共享（le partage de leur aisthesis），却并不如此明显：要如何在受到一击之后的不舒服，与同样一击之后而感受的"受到伤害"（nuisance）之间，划出区隔的界线？我们会说，此差别恰恰是在**话语**之中被标记的，此话语区辨了表达痛苦的语词连结与表达呻吟的语音连结。不舒服感与受害感之间的差别，必然是可以感受的，而且这个感受必定是可沟通的，正如对于善恶的一致界定一般。由拥有器官而得到的记号——被连结而说出来的语言——是一回事；器官执行其功能的方式，亦即透过语言表达**感知**的区分与共享，则是另一回事。目的论式的推论暗示了共同利益/善的**目的**（telos）是内在于感觉之中，内在于对他人所施加的痛苦而表达出类似"受害感"的方式之中。但是，到底要如何确实地理解上述所表达的"有用"与"有害"之间的推论，以及正义的纯粹政治秩序？乍看之下，厚颜的功利主义者可能会对"古代经典"的高尚信奉者宣称：从有用/有害之区辨过渡到共同体之正义，与功利主义者自己强调最大化个别效益以及减少害处所达到的共同利益（有用性）之推论，其实相距不远。"绝对善"的共同体与功利主义契约之间，似乎难以划清界限。

且让我们在这一点上同意"古代经典"的信奉者：这一条线可以也必须被划分。只不过，在这条分隔线的小径之上，不单是列奥·施特劳斯所谴责的所谓"功利主义式"前提，还有他本人与功利主义者所共享的前提，都有迷失方向的危险：这个前提将用以表达正义的**话语**吸纳至某种协议中，而此协议则让个体的特殊性被放置于国家（l'État）的普世性之中。此处的问题并不在于将有用性的接受转变为高尚理由，使其靠近作为目的之正义理想，而在于只有透过其对立面之媒介，才能够看清楚从有用性到正义的过渡。此外，在这些对立面的抗衡之中，在"有害"与"不正义"的暧昧关系中，是否能够看清楚其中存在着政治问题的核心，也就是政治（la politique）向思考共同体的哲学所提出之难题：有用与正义之间的因果关系，实际上被两种异质性所阻碍。首先，是区分有用与有害的虚假对立。在希腊用语中，亚里士多德并没有为他所使用的"**利益**"（sumpheron）与"**伤害**"（blaberon）这两个词汇建立任何清楚的对立。事实上，blaberon 有两个通义：一个意义是指任何天灾或人为的理由而造成个人的不愉快,另一个意义则是指个人因其自身行为所造成的负面后果,但更常见的是他人的行为造成的负面后果。Blabè 的法律意义因此通常意指伤害,一人对另一人造成客观意义上可以判断的偏差(le tort)①。于是,这个观念通常暗含了两造之间的关系。另一方面,sumpheron 基本上所指的是对自身的关系,是个人或是群体从行动中所获得或是希望获得的利益。sumpheron 因此并不意味着与他人的关系。这两个词汇不是真正意义上的对立。一般希腊用语中,与受到侵犯的 blaberon 对立之词汇,是 ôphelimon,也就是指接受协助支援。在《尼各马可伦理学》中,亚里士多德自己以 blaberon 作为负面词,而相应的 aïreton 则作为正面词。但是,sumpheron,即某人得了利益,绝不能推论为另一人所承受的损失。这不过是色拉叙马霍斯(Thrasymaque)的假结论。在《理想国》第一卷中,色拉叙马霍斯将自己谜语般而多义的公式——**正义是在上**

---

①Le tort 指错误、偏差、过错、伤害、侵害,在法律用语中意指既有法律契约之下所判定的侵权。不过,在朗西埃的论点中,le tort 不只是统治者的法律可以判定的过失或是民事侵权,而更为根本地暴露了共享感受体制所区分的好坏与善恶,以及此感受体制理性所辨识的对错。朗西埃指出,判断非正义或是过错,透露了此判断所依据的理性,只有透过对立面之中介,才可能认清歧义之理性。朗西埃在讨论中将 tort, tordue, torsion 这几个有相同字根的字一起讨论,说明了 tort 是偏差与被扭转的位置,而中断了既有流向,揭露了体制的错误计算理性,也同时挪移出了"间距"。这个因偏差而挪移出的"间距",使无分者得以参与、得以言说,而成了政治之所以可能的起点。详见第二章。本书在不同脉络以错误、偏差、过错、伤害、侵害来翻译 le tort 的概念。——译注

位者所拥有的优势（to sumpheron tou kreittonos）——转译为得与失。我们也可以顺便一提，一般把这个概念转译为"强者之利益"，这就立即将自己囚禁于柏拉图困住色拉叙马霍斯的位置，而使得柏拉图的完整论证发生短路。但是，柏拉图的论证意图，其实是要借由玩弄此说法的多义性，而操作某种双重分离：不仅一方之"得"不是另一方之"失"，甚至严格说来，上位者只有一个受惠者：也就是受其统治的"下属"。在这个论证中，有一个要项消失了——"错误"（le tort）。色拉叙马霍斯的辩驳所预期的，是一个没有"错误"的城邦：在此城邦中，在上位者依据自然秩序而行，造成了保护城邦的捍卫者与提供食物的手工业者之间的相互关系。

此处存在着第二个问题及第二种异质性：对柏拉图而言，正如在此观点之上忠于其老师的亚里士多德，所谓城邦之公正，基本上是指有**利益**的状态意味着没有任何与其相关联之**伤害**的状态。妥善地分配"利益"（avantages），预设了已经事先排除某种错误的制度（régime du tort）。"你对我造成了什么伤害？我对你造成了什么伤害？"（Quel tort m'as-tu fait, quel tort t'ai-je fait?）根据《泰阿泰德篇》（*Théétète*）的说法，这是专擅交易与庭诉的讼师之言，**换句话说**，这完全无视于城邦之奠基正义。只有在利益不再被分配、利润与亏损也不再被衡量时，正义问题才开始出现。当人们唯一的关心是如何使群居之人彼此不相互侵犯，而一旦有错误之处，便立即重建其得失平衡，那么，作为共同体原则的正义便还不会发生作用。只有当什么是公民所**共同**拥有的成为问题，当我们开始关切执行与监控公权力行使模式应该如何分配，正义才会开始发生作用。一方面，正义作为一种德性，并非单纯地平衡个人利益，或是修补一方对另一方所造成的伤害；正义是衡量标准本身的选择，而各方依据此衡量标准各取其分。另一方面，政治正义并不是维系个体与利益/善之关系而衡量加总出来的秩序，政治正义正是决定公共分配的秩序。然而，这种秩序与个人秩序不同：对个人而言，有用的秩序可以轻易地衔接公正的秩序；但是公正无法从有用出发而以同样的推论方式获得。《尼各马可伦理学》第五卷对我们的问题提供了解答：正义在于不多取恰如其分的有利之物，也不少取个人所恰如其分之不利之物。在将"**伤害**"（blaberon）化约为"有害的"，同时将"**利益**"（sumpheron）等同于"有利的"（avantageuses）情况下，我们从其中便可掌握从有用秩序转换为公正秩序之过渡过程与明确意义：行使正义德性之材料，便是有益的与无益的区别，所谓正义正是在于确保人人各取其合宜之分，所有人所获份额的平均分配。

很显然，问题是政治秩序并不是如此被定义的。政治（la politique）始于人们不再试图平衡得与失，而关注如何分配**共有**之各部分，如何依照几何比例来协调共同体的各部分以及取得份额的资格——那些赋予人们参与共同体权利的"**价值**"（axiaï）。若要使政治共同体不仅只是利益/善（bien）与服务之交换契约，那么，支配共同体的平等原则便必须从根本上不同于商品交换与伤害补偿的平等原则。但是，"古代经典"的信奉者过早地满足于承认共同善/共同利益的优越性，并认为在人类天性中个人利益的交易就带有共同善/共同利益的**目的**（telos）。根本的问题在于，"政治哲学"的奠基者已经十分确定地将交换逻辑从属于共同善/共同利益的表达方式：为了促成共同的和谐，掌管商品交换与司法判决的算术式平等从属于几何比例式的平等，而共同体成员拥有共同事物之所有部分，也从属于成员带给共同善/利益的特定份额。但是，这种从通俗的算术到观念论的几何之过渡过程，本身便蕴涵了一种奇怪的经验性妥协——某种关于共同体"组成部分"的奇特计算方式。为了要让城邦根据"利益"（le bien）进行管理，共同体之份额必须严格符合于共同体各个构成部分的"**价值**"（axia）比例：合于其带给共同体之**价值**（valeur）以及此价值所赋予的**权利**，以便可以拥有共同权力之一部分。在"**利益**"与"**伤害**"带有问题性的对立组背后，便是根本的政治问题。政治哲学若要存在，政治理型的秩序必须联系到城邦"组成部分"的构成，也联系到某种计算模式，而这种计算模式之复杂可能会掩盖某种基本的错误计算（mécompte）；这个错误计算可以正是"**伤害**"（blaberon），也就是作为政治本身构成性基础的"错误"（le tort）。"古代经典"首先教导我们的便是：政治不是个体之间纽带的问题，也不是个体与共同体之关系的问题。政治所揭示的，是共同体的"组成部分"的计算，而这种计算永远是虚假的计算，一个双重计算，或是错误计算。

让我们进一步检视这些作为共同体资格（titres）的"**价值**"（axiaï）。亚里士多德看见了三种价值：少数人（**寡头** les oligoï）的财富、上等人（**贵族** aristoï）获得名声的德性或是**长处**（arétè），以及属于普通人（**平民** démos）的**自由**（eleutheria）。分别来看，这三种资格都各有其体制（régime），但它们亦受到其他体制骚乱的威胁：富人的寡头政治、出身好的人（gens de bien）的贵族政治，以及平民的民主政治。①反过来说，这些共同体透过不同资格的精确组合，而获得了共同的善/利益，然而这种美好结构却被三者之间隐藏的不平衡所破坏。我们无疑可以衡量寡头政治、贵族能力以及平民监督这三者的各别贡献，以便追求共同的善/利益。《政治学》第三卷试图将这种估算具体化，界定具有"优点"的少数人，以及多数普通人的政治才能。亚里士多德透过混合的隐喻，想象一种以合于比例的方式，将各别特性加总而成的共同体。他说，就如同"粗糙的食物混入了精致的食物，使得整道菜比少量的精致食物要更为营养"。②纯粹的元素与不纯粹的元素可以混合其效果。然而，这些元素的基础要如何相互比较？到底什么是各个组成分子皆持有的资格？在各**"价值"**美好的协调之中，最显而易见的资格便是：**寡头**的财富。这也是交换的算术模式可以单独推算出的资格。于是，相对的，平民的自由替共同体带来了什么？为何是平民所独有？基本的错误计算在此显露：首先，**平民**（démos）的自由并不是一个可确定的属性，而纯粹只是人为发明：雅典**平民**借由起源神话所宣称的"土著"（autochtonie）说法背后，有一个使民主政治成为令人难以接受的理论对象，也就是仅仅因为在特定城邦出生，尤其是在曾经因债务而奴役人的制度取消之后的雅典，在那些注定要承担底层工作与生殖功能的言说身体，

---

① 亚里士多德在《政治学》中，以权力组成的方式和权力分配的方式，区分了六种政体：好的政体是君王的、贵族的和共和的，但他们同样可能变成坏的三种变态政体，也就是寡头政体、僭主政体、平民政体。——译注

② 亚里士多德，《政治学》，Ⅲ，1281b 36.

无论工匠或商人，都因为被计算为城邦中的一分子而自称为人民（peuple）。这些人甚至不会比奴隶更有价值，因为按照亚里士多德的说法，奴隶还可以从其主人处得到其好处。因此，由于**寡头**治理者无法将债务人降级为奴隶的事实，使得债务人转变为以自由的外貌出现，而自由则成为共同体构成部分之人民的正面属性。

有人将人民的提升及其自由归功于立法家的智慧，也就是梭伦（Solon）所提供的原型；其他人则将原因归于某些贵族的"煽动"，他们将乌合之众改变为排除竞争对手的支柱。每一种解释方法都预设了一种特定的政治理念。所以，我们与其在两者之中择一，不如停下来思考两者背后的动机：事实与权利的原始纠结，以及平等与自由这两个关键政治词汇之间有一种独特关系。聪明的"自由主义者"沾沾自喜地告诉我们人为平等违反了创业与交换之自然自由，而造成了败坏的效果。古典派则在政治的起源上，面对了全然不同的困难问题：正是自由之"空洞属性"（propriété vide），使其能够根据**借贷**的单纯法则对于公平交易的计算进行限制。自由使寡头政治集团从其自身分离，使其无法借由简单的利润与欠债之算术计算进行治理。寡头政治的法则实际上是在无障碍的"算术式"平等之下进行治理，而财富可以立即等同于统治阶层。人们会说雅典的穷人服从于贵族的权力，而不是服从于商人的权力。但是，事实上，雅典人民的自由是将建立在古老显赫家族谱系之上的贵族自然统治，重建为财富拥有者与共有财产垄断者之单纯统治。这种自由将贵族身份转向有钱人的条件，并且在带回有钱人的权力时，将其绝对权利转变为一种特定**价值**。

但是，错误计算并不仅止于此。不仅原本属于**平民**"自身"的自由无法被实证属性所决定，自由根本不是平民所专有。人民只不过是无区分而没有任何明确资格的大众——没有财富，没有美德——却自认为拥有与其他人同样的自由。人民大众事实上只是**如同**其他人一样自由。就是这个将他们与那些在其他方面更高层级的人等同起来的单纯同一性（身份），成为他们特有的资格。**平民**赋予自己属于所有市民的平等。如此，这个并非同一的组成部分，将此不属己的属性（sa propriété impropre）认同为共同体所特有的原则，同时将其名字——没有任何特性而面貌模糊的大众——认同为共同体的名字本身。自由仅仅是那些没有任何特性（例如美德或财富）者的特性，现在却被计算为共同的美德。这些没有特性者聚集而形成的**平民**，却透过同名之词而认同整个共同体，正是亚里士多德所谓的"无分者"（n'avaient part à rien）。① 这就是最根本的"错误"，是"**伤害**"（blaberon）与"**不公正**"（l'adikon）之间的原初环节，此环节之"展现"阻断了从有用到公正的推论过程：人民挪用了共有特性当作自己的特性。严格说来，他们带给共同体的只是一场争端。这一点必须有双重意义的理解：人民宣告的资格是引发争议的，因为此资格并不专属于人民，然而这个争议性的属性却正是建立争议性大众的基础。没有属性的大众以此错误之名与共同体同一，而这个错误不断被那些拥有特性与地位者所反

---

① 亚里士多德，《雅典政制》（*Constitution d'Atheènes*），II，3.（英译见 *The Athenian Constitution*, trans. intro. and annotated by P. J. Rhode. London：Penguin Classics, 1984：43. ——译注）

复制造,这些人也迫使他们成为"无分"而不存在的人。就在其他组成分子所造成的错误之名下,人民与全部共同体认同。不拥有任何份额的人——古代的穷人、第三阶级(le tiers état)、现代的无产者——实际上只能够作为一无所有者或是作为全体。此外,正是由于无分者的存在,这些一无所有的全体,共同体才以一种政治性共同体存在,也就是说,具有根本争议性而造成分歧的共同体。这种争议涉及了计算共同体的组成分子,甚至先于计算他们的"权利"。人民并不是在各种阶级中的一个阶级。它是对共同体造成伤害的错误阶级(la classe du tort),也因此而建立了区分正义与非正义的"共同体"。

于是,对于出身好的人(des gens de bien)来说,巨大闹剧便是这些**平民**(démos)、一无所有的人(des gens de rien),成为了人民(le peuple),成为了自由雅典人的政治共同体,会发言、会在**集会**中考虑与做决定,而使历史学家写下了这句话:*Εδοξε τῷ δήμῳ*(人民满意,人民决定)。对于为我们发明政治哲学的柏拉图而言,这个说法可以轻易地翻译为两个对等项:**平民**与**意见**——那些只知道快乐与痛苦之幻象的人觉得满意了;简单的**意见**,那是代表人民的"表象",由人民表达的表象。人民只是修辞学家与诡辩家操纵快乐与痛苦的感受而制造出来的表象,以便拥抱或恐吓这个庞大动物,这个在集会时聚集那些一无所有者的模糊群众。

让我们马上指出:在柏拉图对于民主坚决的仇恨中,比起其他不痛不痒地宣称我们需要"理性"而"有节制地"爱民主的陈腐辩护者,他更为深入地探究了政治与民主制度的根基。柏拉图看到了他们所忽略之处:民主制度的错误计算——毕竟

24 歧义

这就是政治最基本的错误计算。政治的产生，并非单纯的统治，而是因为对于组成分子的计算中出现了不恰当的计算。这个不可能的等式在希罗多德（Hérodote）提供波斯人欧塔涅斯（Otanès）的那套说法中再度出现：$\dot{\varepsilon}\nu$ $\gamma\grave{\alpha}\rho$ $\tau\tilde{\omega}$ $\pi o\lambda\lambda\tilde{\omega}$ $\check{\varepsilon}\nu\iota$ $\tau\grave{\alpha}$ $\pi\acute{\alpha}\nu\tau\alpha$，整体存在于多数（le multiple）之中。① **平民**是可以等同于整体的多：多即是一，组成部分即是整体。自由之实质差别的不存在，产生了这种不可能的对等式。这无法在算术之等式分配中获得理解，因为算术等式必须要有利润与亏损双方的相抵；这也无法在几何学等式分配中获得理解，因为几何等式预设了特性与地位的连结。同样，人民总是多于或是少于他们自己。出身好的人或许会因为这些他们认为是欺瞒与篡夺的宣称，而觉得高兴或是不悦：**平民**替代了集会的多数人，集会替代了共同体，以城邦为名的穷人，以鼓掌代表同意，以数石子来替代决定。但是，所有这些人民与其自身不平等的表现，只不过是一个基本错误计算中微不足道的细节：多数与全体之间的不可能等式，构成了属于人民的自由的挪用。这个不可能的等式，对于构成城邦的组成部分与其资格的整个推论而言，会发生一种骨牌效应。**平民**的独特属性之后，就是**贵族**的属性——所谓的美德——以一种奇异的暧昧场域出现。就如同人民带来不属于他们的自由，这些为公共领域带来德性的好出身或是有地位的人，到底是什么人？如果他们不是哲学家以比例之梦的计算方

---

① 希罗多德,《历史》（Histories），Ⅲ，80，30.（英译见 The Histories, trans. George Rowlinson, ed. Hugh Bowden. London：Evenyman, 1992：258. ——译注）

式转换为整体之一部分的梦想,他们就是**寡头者**的另一种名字——换句话说,也就是有钱人。甚至亚里士多德亦如此设想。虽然他在《尼各马可伦理学》及《政治学》第三卷中,费心地赋予这三个范畴与三种身份特定的属性。但是,他在第四卷及《雅典政制》中,也承认了城邦事实上只有两种身份,有钱人与穷人:"生活富有的人在每个地方都替代了出身好的人。"① 在城邦中这两个无法再化约的组成部分之间,无论是权力或是权力表象如何分配之安排,都一定会要求其实现共同体的优越,然而这是**贵族阶级**所永远缺乏的。

  这种几何学比例的科学计算模式是否意味着只是观念性的建构,而哲学只能善意地修正其最基本而无法避免的阶级斗争之事实?我们无法简短地回答这个问题。首先,我们必须强调的是,**古代人**比**现代人**要更能够承认穷人与有钱人之间的斗争便是政治的全部基础。不过,就仅止于此。他们所承认的,严格来说,是政治现实——纵使这意味着要克服此现实。富人与穷人之争并不是政治所要处理的社会现实,而是政治被设立的起点。当无分者出现,当穷人构成了组成分子或是党派,政治便发生了。政治并不是因为穷人对抗富人而发生,正好相反:政治是对于富人统治的单纯效果之中断,而使穷人以实际存在者出现。**平民**作为共同体整体的超出范围之要求,只会实现其出现之形态。所谓的**党派**,也就是政治的条件。当统治的自然秩序被无分者之分的出现而打断时,政治便存在了。这种建制便是政治作为一种特殊连结形式的全体。建制定义了共同体的

---

① 亚里士多德,《政治学》,Ⅳ,1294a 17-19.

大众作为政治共同体,换句话说,这是基于避开交换与补偿算式之错误而建立的党派。在此建制之外,只有统治的秩序,或是反叛的无秩序,而不会有任何政治。

希罗多德以一个寓言形式提出了另一种单纯选项。这个著名的寓言处理的是西西亚(Scythes)奴隶反叛的故事。他告诉我们,西西亚人习惯将他们贬为奴隶者摘去双眼,以便使他们甘于从事专替牲口挤奶的奴隶工作。这个情形的正常秩序却被西西亚人的大远征所破坏。由于必须征服米底亚(Médie),西西亚战士深入亚洲,并且被留在那里一整个世代。这段期间,由奴隶所生出的一代子嗣被抚养成人,并且都保留了他们的眼睛。看到了世界之后,他们的结论是,他们与遥远的主人有着同样的出身、同样的特征,因此没有任何特殊理由让他们必须成为奴隶。由于这些女人也向他们保证了这些自然的相似性,因此这些奴隶决定他们与战士平等——除非他们被证明是错误的。于是,他们以壕沟围绕领土,并且武装起来,准备等到远征军返回时,坚守其土地。当远征军终于带着长矛与弓箭出现时,他们以为可以轻易清理这一小群反叛的牧牛者。但是,他们的攻击是失败的。一位观察敏锐的战士衡量局势之后,对着携枪带戟的弟兄们说:

> 听我的劝告——放下你们的矛与弓,每个人拿着马鞭,大胆地走向他们。只要他们看到我们是全副武装的,他们会以为自己的出身与勇气都与我们相等;但是,如果他们看到我们手中没有其他武器,只有鞭

子,他们就会知道自己是我们的奴隶,而且会立即逃跑。①

于是,大功告成:奴隶们看到了眼前的景象,拔腿就逃,根本没有战斗。

希罗多德的故事让我们看到"奴隶战争"与"奴隶叛军"的模式,如何成为了贫富斗争的另一种形态。奴隶战争的典范,是统治者与被统治者之间透过战争而产生的单纯平等。西西亚奴隶占据了他们先前服侍之领土,使其成为防卫强固的阵营,并且以武装对抗军队。这个关于平等的示威原先困扰了他们本来的自然主人。但是,当这些主人再一次展示他们作为差别的标志时,叛军就无法卷土重来。以领土与武力所制定的平等,并不会创造出分裂的共同体,也不会将**平民**借以设立自身的自由——不属己之属性——转变为同时是共同体之组成部分及其整体。既然政治是透过中断而出现,建制政治的最初扭转(le torsion),便是对于一个错误或是根本争议的部署。这个扭转本身就是错误,是关于共同体问题的哲学思考所面对的根本"**伤害**"(blaberon)。根据《克拉底鲁篇》(*Cratyle*)② 中所创造的字源学说法,"**伤害**"意指着"中断流向"(ce qui arrête le courant)。想象的语源学碰触到了思想的本质核心,这并不是唯一的例子。"错误"表记着被中断的流向,是使"属性"的自然逻辑被阻断的最初扭转。这个中断使人必须思考比例的问题,

---

① 希罗多德,《历史》,Ⅳ,3.
② 柏拉图,《克拉底鲁篇》(*Cratyle*),417 d/e.

也就是共同体身体的**类比性**。但是，它也预先就破坏了这个比例之梦。

这个错误并不只是阶级斗争，也不是为了赋予城邦统一原则并且将城邦建立于共同体**根基**而必须修正的内部纠纷。错误正是此**根基**之不可能性。如果只是贫富冲突的危机，那就太简单了。问题的解决早就被发现了。你只需要排除造成纠纷的原因就可以了，也就是处理财富不均的问题，而给每人等量的土地即可。但是，问题要更为严重。正如人民并不真正就是人民，而是穷人；穷人本身也并不只是穷人，他们只是没有任何特性的一群人，他们由于最初区分之效果而承担了自由之空名，不属于自身的属性，一个引发争议的资格。他们本身事先就已经是被扭曲的综合体（l'union tordue），而将原本不属于自身的当作自身所拥有，将原本并不是共同的当作是共同的。他们就是政治本身的构成性错误或是扭转（le tort ou la torsion constitutifs）。穷人的党派，除了作为无分之分而具体呈现自身之外，别无其他。相对的，富人的党派除了具体呈现反政治之外，也无其他。从纪元前5世纪的雅典到我们自己的政府，富人阵营只证明了一件事，亦即，它完全是政治的否定：**无分者没有参与之分**。

这个根本的命题，当然会依照着所谓的道德价值与态度的演变而有不同的转型。古典时期直截了当的口吻所坚持的，正是19世纪"自由主义者"的立场：只有酋长与印第安人、出身好的人与一无所有的人、精英与大众、专家与无知者。在当代委婉的措辞中，这个命题有不同的提法：只有社会的不同**组成分子**——社会多数与少数、社会专业范畴、利益团体、共同体，等等。社会组成分子必须是合作者。但是，在契约社会及咨商管理的监控形式之下，就如同不平等主张的粗暴形式，根本的命题依旧一样：无分者没有参与之分。只有被计算为组成分子者，才有其分。换句话说，没有政治，也不应该有政治。贫富之间的战争，就是政治存在与否的争议。对于将穷人计算为人民，以及将人民视为共同体，这正是对于政治之存在与否以及是否有政治的争议。作为大众活动领域之政治，只能是充满争议的；党派的组成分子及其资格之间关系的加总，永远不等于其全体。

这正是政治最初的闹剧，也是民主的事实令哲学开始思考之问题。哲学最核心的计划，如同被柏拉图所总结，是把规范可朽之物与人类灾祸之交换的算术秩序，替换为规范真实之善/利益的几何比例之神圣秩序。共同的善就是：每个人的利益不会造成任何人的不利。作为一种科学的数学可以为此提供一个模型，一个数字秩序的模型。其严密性可以避免一般性的衡量。朝向善之途径，便在于以无法共量的数学模式，取代零售商与小贩的算术模式。问题是，在这个领域里，单纯的多或少的秩序被悬置了。这个秩序被某种特定的秩序与特定的比例所取代。这个领域就是政治。政治的量值超越了一般测量手段；这个无分者之分，既是全部，又是全无。这个自我相悖的量值，已经中止了市场交易度量之"流向"，悬置了社会体中算术计算的效果。哲学希望在城邦或是灵魂中，如同在表面积、容积与星体之科学中，以几何等式取代算术等式。但是，雅典人的"空"的自由所呈现的，则是另一种平等的效应：虽悬置了单纯的算术，却不至于设立任何几何学的秩序。这种平等纯粹是任何一个人与任一他人的平等；换句话说，归根结底，是**根基起源**（arkhè）的不存在，是所有社会秩序的纯粹偶然性。《高尔吉亚篇》（*Gorgias*）的作者施展其嘲讽之能事，试图证明此一平等与寡头政治的算术式平等没有任何差别，换句话说，欲望的不平等，无底洞般的胃口，使得粗俗的灵魂在享乐与痛苦的恶性循环中往复不息，也因此使得体制陷入寡头政治、平民政治与僭主治理的恶性循环之中。人民领袖赋予雅典人民的"平等"，只不过是更多的无止尽要求：永远是更多的港口与船只、更多的商品与殖民地、更多的兵工厂与防御工程。不过，柏拉图深知问题更为深刻。问题并不在于这种对于船只与防御工事的无法被满足的欲望；问题在于，人民的**集会**中，任何鞋匠或铁匠都可以站起来宣称，他们知道如何掌舵、如何建筑防御工事，甚至知道为了共同利益而如何使用公正与不公正的方式。因此，问题不在于永远要得**更多**，而在于**任何人**都可以要求，正如所有统治阶级都建立于最后一个**无政府状态**之上的粗暴事实。关于自然与惯例的辩论，苏格拉底与普罗泰戈拉（Protagoras）或是卡利克勒（Calliclès）的对立，再一次确认了这个政治闹剧。实际上，政治的基础并不是更多传统惯例，或是较少自然：政治基本上就是根基起源的不存在以及所有社会秩序的纯粹偶然性。政治出现，正因为没有任何社会秩序建立于自然秩序，也没有任何神圣法则支配人类社会。这就是柏拉图他自己在《政治学》的巨大神话中所提出的训诫。若要在古**巨人**战士或是在古埃及牧人王的幼稚幻想中寻找典范，是毫无意义的。在**巨人**时期与我们的时代之间，错误的断裂早已发生。任何人若要试图建立城邦的比例原理，就意味着民主政治早已经过去了。我们的世界走向"相反的方向",而任何试图治疗政治之疾病,只有一途:发明某种社会本质的谎言,以便提供共同体某种**根基**或**起源**。

当牧人王、军阀、地主之自然秩序被自由扰乱,使平等现实化,并且形成了社会秩序,政治便发生了。在讨论有用与有害之**话语理性**(logos)发生之前,便有制定法则与赋予其制定权利的**话语理性**存在。但是,这个最初的**话语理性**被一个最初的矛盾所置入:社会中有秩序,因为有一些人命令,而其他人服从。但是,若要服从此命令,至少要有两件事:你必须了解此命令,以及你了解你应该服从。因此,要达到此条件,你早就已经与命令你的人平等了。这是瓦解任何自然秩序的一种平等。毫无疑问,在下位者 99% 都会服从;然而,所谓的社会秩序仍旧绝对是偶然性的。不平等只有透过平等才可能发生。这意味着政治并不必然永远会发生——实际上,政治的发生极为罕见。在政治史与政治学之名下并存的,时常是其他的体制,例如皇室权威的执行、圣堂牧师的职务、军队的指挥、利益的管理等。只有在这些体制的轨道被一个全然异质而原本无法发生作用的先决条件所中断时,政治才会发生:人人平等的前提,必然是任何秩序皆为偶然的悖论效果。

政治最根本的秘密是被一个"现代人"所说出的,那就是霍布斯。为了他自己的"所有人对所有人的战争"之理想,他重新为政治命名。"古代经典"环绕着这个平等,却回避为其命名,因为对他们而言,自由是在最为特定的对立面——奴隶——而被定义的。奴隶是有能力了解**话语**却不拥有此**话语**能力的人。他是从动物性到人性的特定过渡状态。亚里士多德将此过渡状态准确地定义为：奴隶参与此语言共同体，是透过**感知**（aisthesis），而不是**占有**（hexis）。① 人民中的自由人的偶然及奴隶的自然，可以轻易地被区分，而不必提及平等的最根本偶然性。这种平等可以被断定是与政治无关的。这就是柏拉图让美诺（Ménon）的奴隶发现平方根的规则所呈现的：*ὁ κοινωνῶν λόγου τοσοῦτον ὅσον αἰσθάνεσθαι ἀλλὰ μὴ ἔχειν*：一个无关紧要的奴隶，可以和苏格拉底一样，将几何学从算术秩序中分离，分享而参与同样的知性，却并不被定义为共同体之纳入形式。

"古代经典"环绕着**话语**中最原初的平等，却没有为其命名。然而，他们所定义的，直到今日仍旧无法被社会契约论及自然状态的现代思想家所理解。这就是这个非单一的原理所创造的扭转，这个扭转使得一无所有的人民成为"自由"。当平等的偶然性以人民的"自由"打断了统治者的自然秩序，当此中断制造了特定的配置时，政治便发生了。社会分割为不同的组成部分，而这些部分并不是"真实的"部分；一部分以不是自己"属性"之名被建立为与整体平等，以及一个争议性社群的"大众"（un"commun"）。归根结底，这就是从有用转渡到公正的错误，而限制了从此到彼的推论。政治的设立与阶级斗争的体制化是一样的。阶级斗争并不是政治的秘密动力，也不是其表象背后隐藏的真理。政治本身，政治作为其所遭遇的，永远都在任何人要为共同体建立**根基**时，就已经存在。这并不表示政治的存在是因为社会团体陷入为分歧利益之战斗而发生。造成政治出现的转向，也是将任何阶级建立为与自身不同之转向。

---

① 亚里士多德，《政治学》，Ⅰ，1254b 22.

如马克思所说，无产阶级并非一个阶级，而是所有阶级的解放，正因如此，无产阶级有其普世性。这种说法要以其最全面的一般性来理解。政治的建制是在非真正阶级的阶级之间的争议。"真正的"阶级，或者应该说是社会中的真实组成分子，是与其功能相应的范畴。然而，雅典**平民**将自己与整个共同体认同，正如同马克思的无产阶级将自己认作为共同体中彻底的例外；两者皆以社会组成分子之名连结了人人平等之资格，使得阶级分离，而政治出现。政治的普世性就在其共同体每个组成分子和分歧论点与其自身的差异。错误（le tort）建立了政治。基本上，政治并不是阶级之间的纠纷，而是每一个阶级与自身的差异，因为混合之法则已经强加在社会体切割之上。这是任何人都可以做任何事的法则。柏拉图有一种说法：*polupragmosunè*，"多"做一些，就"逾越了"其本分。任何人都会发现自己处于同样的状况。如果《高尔吉亚篇》是一篇关于民主平等只是专制政治的不平等之冗长论证，《理想国》则是无尽探索这个"多做了一些就逾越其本分"的问题，这个活动的混乱足以摧毁任何城邦功能井然有序的分配，使一个阶级变成另外一个阶级。《理想国》的第四卷，在定义正义之处——真正的正义是排除错误的正义——严肃地警告我们，这种混乱"足以使我们称之为最主要之罪行，因为这种混乱会对城邦造成最大的伤害"。①

政治起源于一个重大的错误：人民的"空"的自由，在算术秩序与几何秩序之间制造了悬置。不是共同的有用性建立了政治共同体，更不是利益的对立或是构成而建立政治共同体。

---

① 柏拉图，《理想国》（*République*），Ⅳ，433c.

政治是透过错误而出现，但这并不是某一个有待弥补的错误。错误是在说话身体之分配的核心，引入了不可共量性（incommensurable）。这个不可共量性不仅打乱了利害间的平衡，也预先破坏了根据**宇宙的**比例及共同体的**根基**而建立的城邦计划。

第二章

错误:政治与治安

Le tort: politique et police

于是，从话语动物的特性中推论出政治动物之目的的高明作法，便遮补了一个裂缝。这个裂缝就是在有用与正义之间所存在的一种无法共量的错误，而光是这个错误便足以将政治共同体建造成为共同体不同部分之间的冲突。这些不同的部分其实并非真的是社会体（corps social）① 的一部分。然而，接下来，在有用到正义之间的伪连续性中，便揭露了被赋予**话语**能力的人类与被局限于仅能使用声音器官的动物之间，向来被视为不证自明、根深蒂固的对立之虚假。亚里士多德说，声音是一种为了达成有限目的的器官，而这种器官让所有的动物都能够表达痛苦与愉悦的感受。由于愉悦和痛苦的感受处于专属人类与政治共同体的利害感受区分之外，**因此**，正义与不正义得以自成一体。只是，当亚里士多德明确地区辨声音的寻常功能与话语的优位性时，他是否忘记了他的老师柏拉图针对人民那种"巨兽"所作的愤怒指责？《理想国》② 第六卷着实自得地向

---

①"corps"有身体、肉体、躯干、物体、团体、组织、整体等意思，在这里，我将单数形"corps social"译为"社会体"，主要是取其将社会作为有机"整体"的意思，这个译法也可以对应到通常译为"政体"的"body politic"。在本书中其他部分，当朗西埃使用复数形的"corps sociaux"，也就是当"corps"被视为可以计算、配置的复数身体时，则以"社会身体"译之。——译注

②关于"politeia"的翻译，请参见第四章之译注。——译注

我们显示了那头巨兽在面对取悦它的言词时,便欢欣鼓舞;反之,在面对那些惹恼它的言词时,则报以不满的鼓噪喧嚣。而那在自己所构筑的场域中运作的"科学",其作用便完全在于辨识何种声音的效果能使巨兽咆哮、何种声音的效果能使其温驯近人。就如同**人民**(démos)① 侵犯了共同体的名号,民主是一种体制——一种生活方式——在其中,声音不仅用来表达,同时也引发各种愉快与痛苦的虚幻感受。民主侵犯了**话语**的特权,也就是侵犯了使正义得以获得承认,并且依循共同体比例实现正义的特权。巨兽的象征不是一个简单的象征。此一象征严厉地把不够格的言说者贬斥为动物;这些不够格的言说者将混乱

---

① 在本章中我将"le démos"和"le peuple"皆翻译为"人民"。主要是因为这两个概念在朗西埃此处的书写中,并未清楚地区分,除了在少数几篇文章或访谈中谈到"le peuple"这个概念,可以区分成"demos"和"ethnos"这两个部分,前者所指的正是本书中强调的"政治主体化""异议主体";而后者指的则是一种治安逻辑的产物、一种将人民等同于族群或其他既定的人口分类、部署的范畴。2009 年秋天,朗西埃赴台访问期间也曾说明:法文中的"le peuple"同时具有这双重含义,但是他认为"people"这个对应的英文用语则很容易落入后者的指涉。我们也可以在《十论政治》中看到将"le peuple"视为"demos"的表达:"Le peuple (demos) existe seulement comme rupture de la logique de l'*arkhe*, rupture de la logic du commencement/commandement"(人民仅作为原则逻辑的断裂,即开端/统治逻辑的断裂而存在)。在此必须强调的是,当朗西埃将"le peuple"与"*démos*"在本书中视为可以交替使用的用语时,我们必须将"le people"与政治主体化的意义连结,而非指任何既定国家或族群分类意义上的人民。——译注

带入了话语与话语作为共同体组成部分之**比例**（analogia）① 的政治实现之中。

因此，话语动物与声音动物之间的简单对立，绝非奠定政治的一种既与。相反，此一对立正好是争议的关键，而此争议也构成了政治。处于政治核心的是一种双重错误，一个根本的、但也从未被如此处理的、关于不够格的言说者的能力与政治能力之间关系的冲突。对柏拉图而言，那些自称人民的杂多无名言说者侵害了整个共同体命定好的身体分配。然而，相反，"人民"这个名号，亦即某种主体化形式所代表的则是这个由来已久且总是实际存在的错误。借由此一错误，社会秩序将大多数的言说者弃置于静默长夜，或将他们认定为仅是表达愉悦与痛苦的动物喧嚣，而得以进行象征化。这是因为在那些使得一无所有者陷入对寡头的依附关系的债务出现之前，关于身体的象征分配就已经被区分为两种范畴了。这两种范畴分别是：可见者与不可见者的区分、具有**话语**——可资记忆的演说、须被当一回事的话语——者和不具**话语**者的区分；真正能言说者和那些只具有表达愉悦与痛苦的声音而仅仅只能模仿声音连音者的区分。政治的存在，乃是由于**话语**不仅只是单纯的话语。话

---

① "analogia"（αναλογια），出自希腊文 ανα-λόγος（ana-Logos）/（analogia），有比例、类似、互相比照、类比等意思。朗西埃在此所要讨论的是共同体的组成部分，依据 logos（"logos"在此可以视为一种秩序架构或原则）而做的配置安排，因此我将之翻译为"比例"。——译注

语向来便是构成此一话语的稳固**理据**（compte）①，依循着这个理据，某个声音的发出会被当成话语，而能阐述正义的意义；其他的声音则仅被当成传达愉悦与痛苦、同意或反对的声音。

这正是一位 19 世纪的法国思想家，针对李维（Tite-Live）所叙述的阿文庭山（Aventin）上罗马平民（plébéiens）分裂故事的重新书写中所讲述的事情。1829 年，巴隆舍（Pierre-Simon Ballanche）在《巴黎评论》（*Revue de Paris*）中发表了一系列题为《运用于罗马人民历史之所有人民历史的普遍公式》（"Formule générale de l'histoire de tous les peuples appliquée à l'histoire du peuple romain"）的文章。巴隆舍以自己的方式连结了"古代人"与"现代人"的政治。李维的故事将对抗佛西族（Volsques）战争的结束、平民撤离至阿文庭山、阿格利巴（Menenius Agrippa）的出使、其著名的传说与平民回归秩序等等连结在一起。巴隆舍则谴责这位拉丁史学家的无能。因为他的无能，导致他仅能将这场事件理解为一场暴动、一场出于贫穷与愤怒的起义所构成的一种不具意义的权力关系。李维之所以无法为那个冲突赋予意义，乃是因为他无法将阿格利巴的传说置于真正的脉络中，亦即，关于言说问题的争议中。巴隆舍则借由将其寓言故事的重心放在元老院议员的讨论与平民的言

---

① "compte" 在法文中有计算、说法、依据的意思。朗西埃在讨论共同体组成部分的被算入与不被算入时，多半使用的是"计算""算入"的意思。不过，此处的"compte"亦有依据某种法则所进行的计算的含义，因此也可以做"根据""算法""依据""理据"。我将就语意脉络，交替使用这些译语。——译注

说行动上,而让冲突得以重新上演。整个问题的关键,便是确认在平民与贵族之间,是否存在着任何能够针对所有的事物进行论辩的共同舞台。

那些丝毫不愿意让步的贵族们的立场极为直截了当。他们认为没有任何可以与平民进行讨论的空间存在,因为平民根本不会说话。而平民之所以不会说话,则是因为他们是没有名字、不具备**话语**,亦即,在象征上不被纳入城邦的存在。平民们过着一种纯粹个别化的生活,除了生命本身之外,无法为后世留下任何东西,而其生命也仅止于生殖功能。无名者**无法**说话。执政官曼尼厄斯犯了一个极大的错误,他以为他可以从平民的口中获得言说,然而,照理说,他从平民口中只能得到噪音。

> 他们竟敢如此地告诉曼尼厄斯:他们和我们一样拥有言说。是不是某位神明捂住了曼尼厄斯的嘴,或让他眼花耳鸣?他是不是神魂颠倒了?……他怎么好像无法告诉他们,他们仅仅拥有暂时性的言说,而此种言说是一种即兴的声音、一种牛哞声、一种需求的符号,而非知性的表达。他们根本不具备亘古不变的永恒言说。①

巴隆舍借克劳狄(Appius Claudius)之口讲出的论述,确立了这个争议的论据。在那些具名者的语言和无名者的牛哞声之

---

① 巴隆舍,《运用于罗马人民历史之所有人民历史的普遍公式》,《巴黎评论》,1830 年 9 月:94.

间,没有任何语言交流的情况,也不存在任何讨论的规定或准则。此一认定,不仅反映了宰制者的冥顽不灵或其意识形态盲点,也清楚地表现了组织其宰制的感知秩序,亦即其宰制本身。在成为阶级的背叛者之前,那个以为自己听懂了平民说话的执政官曼尼厄斯,便是一个幻觉的受害者。组织贵族宰制的秩序,不认为**话语**可以被那些不具**话语**的人所表达出来,也不认为无名的存在、不**算数**的存在可以给出**言说**。

面对这个情形,聚集在阿文庭山上的平民们做了什么呢?他们搭起一个西西亚(Scythes)风格的帐篷,但是他们做了对西西亚奴隶而言难以想象的事情:借着让自己成为和否定他们的人一样的言说者,而非与其他战士一样的战士,他们建立起了另外一套秩序、另外一种感知的分配。他们因而执行了一系列模拟贵族的言说行动:进行诅咒与神化崇拜仪式、派遣他们之中的一名成员去咨询属于**他们的**神谕,以及经由再次洗礼的方式而拥有代表。简单地说,他们让自己如同有名字的人一样地行动。借由逾越,他们发现自己和言说者一样,被赋予了不仅是用来表达需求、痛苦或愤怒,同时也能表达知性的言说。巴隆舍说,他们书写了"一个在天空中的名字":一个在言说者共同体的象征秩序中的位置,而此一共同体在罗马城中尚且不具有任何效力。

以上的故事呈现了两个场景,并且在这两个场景间为我们指出了一群观察者与来往的使者——当然,只是单向的来往:他们是前来观看、聆听此一不存在的权利的演出究竟是怎么一回事的非典型贵族,而他们目睹了这个令人难以置信的景象:平民们真的违反了城邦的秩序。平民为自己命名,并且实现了一系列将自己身体的生命和语词,以及语词的使用连结起来的言说行动。简言之,以巴隆舍的话来说,他们从"终有一死者"转变成"人",成为透过语词创建集体命运的存在。他们已经成为完全可以做出承诺并制定契约的人。其结果是,当曼尼厄斯讲述寓言时,平民们有礼貌地聆听并表达感激。不过,接下来,他们要求曼尼厄斯与他们签订条约。虽然曼尼厄斯可以大呼此事在逻辑上绝无可能,但巴隆舍告诉我们,很不幸,曼尼厄斯的寓言仅仅一天之内就"变成了陈年往事"了。要说明这个立场并不困难:从平民们能够理解曼尼厄斯的寓言——关于作为生命主干的贵族与作为执行肢干的平民之间必然的不平等——的那一刻起,平民们已经且也必然是平等的了。该寓言意味着一种感知的不平等分配,而对理解此一分配而言必要的知识,则预设了一种破坏前面那种分配方式的平等分配。也唯有透过一种揭露场景的独特部署,才足以让此一平等发挥作用;唯有这种机制可以衡量**话语**与其自身的间距,或组织另一个让平民可以如同贵族一般地言说的感知空间,在其中,除了社会秩序的纯粹偶然性之外,贵族宰制别无其他基础。

在巴隆舍的故事中,罗马元老院是由睿智长者们所构成的秘密委员会组织。他们很清楚,不论你喜欢与否,当循环结束时便结束了。他们的结论是,既然平民已经成为可以言说者,那么除了跟他们说话之外,别无他法。这个结论符合巴隆舍从维柯(Vico)那儿习得的哲学:从一个言说的时代转移到另外一个时代,不是一种可以被镇压的反叛,而是某种渐进的展露过程,在这个过程中,自身符号逐渐获得承认,而人们也无法对抗此一过程。不过,此处对我们而言的重要性,与其说是这个被讨论过的哲学，毋宁是此寓言掌握**话语**的特权与建立政治舞台的争议剧码之间关系的方式。在衡量某个组成部分的利益与名分之前，争议所涉及的乃是何以某部分会是组成部分，以及何以它们会构成如此的关系。**话语**作为言说与理据的双重意涵，正是此一冲突上演之处。阿文庭的寓言让我们得以重构关于人类**话语**的政治功能，以及关于这个寓言表达出来的错误之意义的亚里士多德式叙述。让政治得以存在的言说，正是用来衡量言说与理据之间的间距。在此言说中表现出的**感知**（aisthesis），正是关于**感知**组成与关于身体得以在共同体中立足的感知分配（partage du sensible）的争论。在此，我们了解的分配一词有两个意义：作为共同与作为区隔。两者之间的关系界定了感知分配。此一关系便是具有"双重意义"的寓言的争议所在：寓言本身的意义与理解寓言所需的能力。认定平民是否能够言说，其实也就是认定在不同的组成部分"之间"是否有任何共同事物存在。对于贵族而言，**既然**不同的组成部分并不存在，政治舞台也不存在。而这些组成部分之所以不存在，乃是因为平民不具有**话语**，不能算**是**个组成部分。某位贵族对平民说："你的不幸乃是因为你不存在，而此一不幸是无可避免的。"①这个关键在亚里士多德的定义或柏拉图的论辩中已经隐约地被说明了。然而，另一方面，所有交换论、契约论与沟通论的政治共同体观念却对此只字不提。政治，首先便是一场冲突，这个冲突关乎共同舞台的存在与在此舞台上现身者的存在与性质。

---

① 巴隆舍，《运用于罗马人民历史之所有人民历史的普遍公式》，《巴黎评论》，1830 年 9 月：75。

首先必须确立的是，对于无法看见此一舞台，而且**因为**舞台不存在而无法看见舞台的对话者而言，有一个可以使用的舞台存在。在组成部分的命名冲突之前，各组成部分并不存在；唯有在冲突中，各个组成部分才会被算为组成部分。关于错误的"讨论"不是一种在组成部分之间的交换——交换同样是种暴力，其所牵涉的乃是言说情境本身与其演出者/行动者。政治不是因为人们依恃着言说的特权或共享利益而存在。政治的存在乃是因为那些无权被当成言说者的人被算入政治之中，并且使这场冲突的错误成为大家共同的关注，并据此建立了共同体。正是借由让错误成为共通点的这个事实，也就是借由在单一世界中两个世界的对抗——一个他们存在的世界与一个他们不存在的世界之间的对抗、一个在他们与那些不承认他们可被当成言说者、那些能算数的人们"之间"有着共通之处的世界，与一个在彼此之间毫无共通之处的世界之间的对抗——而建立起了共同体。在雅典自由的实在性和罗马平民的分离行动这个不寻常的事情之间，出现了某种根本的冲突，而西西亚奴隶战争既标志这种冲突，却也同时缺乏这种根本冲突。此一冲突区分了两种人类共在的模式，两种在原则上相互对立，但却在比例的不可能计算与冲突的暴力之中密不可分的感知分配。有一种共在，其所根据的乃是身体的"属性"、有名或无名与从他们的口中发出的声音的"话语的"或"声音的"特质，来赋予身体位置与角色。此种共在的原则很简单：它根据每一个人如其所是的自明性给予其所应得之分。不同的存在方式、行动方式与说话——或不说话——的方式，恰好反映了每一个人的应得之分。西西亚人挖去了那些只需靠双手执行其应尽任务的人们的双眼，便是最野蛮的例子。而贵族也无法理解就古典的公式而言无法拥有言说者的言说。至于传播与民调上的"政治"，夜以继日地提供给我们每一个人关于这个已经变得相当无关宏旨的世界的整套景观，与每一个年龄层或每一个社会职业范畴如何思考某某部长的"政治未来"的精密计算，或许是最明显的现代公式。于是乎，有一套逻辑，计算单一部分的持分加总，依照各身体的可见性与不可见性分配空间，并且协调合于个人的存在方式、行动方式与说话方式。但是，还有另外一套逻辑，单为实现任何言说者之间的平等——既不是算术式的平等，也不是几何式的平等——的偶然性，取消了此种和谐的逻辑。

我们必须在关于从言说者的能力推演出的正义与不正义的共同体原初冲突中，分辨出两种不同的人类共在逻辑。这两种逻辑往往和政治混为一谈，然而政治活动就是区分这两种逻辑的活动。政治往往被视为一组达成集体的集结或共识的程序、权力的组织、地方与角色的分配，以及正当化此一分配的体系。我建议给予这个分配与正当化的体系另一个名称，我建议称之为"治安"（police）。这个用语无疑会引来一些问题。"治安"这个用语往往会让人想到基层警察（la basse police）、维护法律和秩序的警棍攻击与秘密警察的审问。但是这样的混为一谈应被视为偶然的结果。福柯（Michel Foucault）曾经表示，作为一种治理（gouvernement）的技术，治安在17世纪与18世纪的作者描述下，涉及了关于"人"及其"幸福"的所有事务。① 但是基层警察仅是一种更为一般的秩序中的特殊形式，用来安排身体在共同体中被分配的有形现实。在某些国家中，正是因为此一秩序的脆弱与失效，让基层警察过度膨胀到负责所有的治安功能。西方社会的演变则显然朝向**相反**的方向：治安（le policier）是连结医药、福利与文化的社会部署中的一个元素。治安被指定扮演咨询者、组织者及公共法律与秩序的代理人角色。因此，毋庸置疑，将来会有那么一天，这个名称本身会发生转变，成为那些我们社会为了提升传统上受歧视之功能的形象而赋予的美化形象之一。因此，从现在开始，我将从此一广义的角度，但同时也是"中性的"与非贬抑的方式，来使用"**治安**"这个字及其形容词。然而，我不会将治安与所谓的"国家机器"一视同仁。国家机器这个说法，事实上紧扣着国家与社会对立的预设，将国家描绘成一部机器、一只"冷酷的怪兽"，强加其严峻的秩序在社会生活之上。此一立场已然预设了某种"政治哲学"，而混淆了政治与治安。制定治安体制的位置与角色分配的，不仅是国家职权的严刑峻法，同样，也是所谓的自发的社会关系。基本上，治安在其本质上就是较为隐微的法律，用来定义组成部分的有分或无分。但是，若要如此认定，就必

---

① 福柯，《全体与单一：朝向一个政治理性的批判》（"Omnes et singulatim: vers une critique de la raison politique"），《言与书写》（*Dits et Écrits*），Gallimard，1994，t. Ⅳ. 134 - 161. （此文的英译为 "Omnes et singulatim: towards a criticism of political reason"，收录于 *Power: The Essential Works of Michel Foucault: 1954—1984*, vol. 3. ——译注）

须先界定彼此所处的感知形态。如此，治安首先便是界定行动方式、存在方式与说话方式分配的身体秩序，并且确认那些身体依其名称被指派到某些位置或任务上。这是一种可见与可说的秩序，用来认定某个特定的行动可见，而另外一个行动不可见；某一言说可被当成论述来理解，而另一言说则被当成噪音。举例而言，在传统上，正是治安法律将工作场所转变成不受所谓公共领域观看和说话方式规范的私人空间。在公共领域中，工人的**参与**严重地受到其工作待遇的限制。与其说治安是身体的"规训化"，毋宁说它是**管控**身体出现的规则、职业的形态，以及这些职业所分配到的空间的性质。

然后，我提议将政治（la politique）这个名词，保留给与治安对立的一种极为特定的活动，亦即，借由一个在定义上不存在的假设，也就是无分者之分，来打破界定组成部分与其份额或无分者的感知配置。此一决裂，是在重新配置用来界定组成部分、份额之有无的一系列空间活动中表现出来的。政治活动是将一个身体从原先被给定的场所中移动或改变该场所目的的任何活动。它使原本没有场所、不可见的变成可见；使那些曾经徒具喧杂噪音的场所，能够具有可被理解的论述；它让原本被视为噪音的，成为能够被理解的论述。那可能是巴隆舍笔下的平民们使用了他们不"拥有"的言说能力的活动；也有可能是那些19世纪的工人们仅仅是在各式各样的私人关系上，建立起工作关系的集体基础的活动。又或者，也可能是示威者与封路者将城市中通行的道路转变成了"公共空间"的活动。不论是否构成景观，政治活动始终都是一种表达的模式。透过建立一个在根本上极为异质的假定，亦即，无分者之分，破坏治安秩序的感知分配。此一假定本身，最后将揭发秩序的纯粹偶然性，以及每一个言说者和其他言说者之间的平等。当两个异质的声音在某个地方遭遇彼此，政治便发生了。一个是我们已经解释过的治安过程，另一个则是平等过程。现在，就让我们暂时将这个用语理解为接受所有言说者皆平等的假设，并对此平等的检验所抱持的关注驱策的一套实践。

此种对立的建构，也让我们必须进一步地做出一些说明，并且推衍出一些结论。首先，我们不能因此将所有的治安秩序一视同仁。不论是西西亚人将他们的奴隶的眼睛挖出，或者，相反，提供所有事物让人们竞逐的现代资讯与沟通策略的实践，皆是治安过程的典型。但这并不意味着我们可以因此得出一个虚无的结论，主张上述两种状态不分轩轾。不论在什么意义上，我们的处境都比西西亚人来得好。治安亦有好坏之分——毕竟，比较好的治安，不是顺从预设的自然社会秩序或立法者的科学的治安，而是由于平等主义逻辑造成的决裂与加入，使其摆脱"自然"逻辑的治安。治安可以实现各式各样的善，而且某种治安可以比另外一种治安好得多。但是这并不影响治安的本质，也是我们在此唯一要关注的问题。借由民调判断的公共意见与永无止境地展示现实的体制，乃是当前西方社会所采取的治安标准模式。治安有可能是良善或平易近人的，尽管如此，治安依旧处于政治的对立面，而且我们最好为其各自的归属划定范围。许多传统上被分类为涉及道德与政治关系的问题，事实上仅与道德和治安的关系有关。例如，知道哪些手段可以确保人口的平静与国家的安全，亦是与政治思想无涉的议题，但这并不意味着它不能提供让政治得以穿越或介入的空间。同样，大部分带领公民们向国家靠拢或让国家接近公民的俱乐部与"智库",为了改变或重新活化政治的努力所采取的手段,事实上完全取代了政治,而成为纯粹的治安。正是这个特属治安共同体的样貌,让公民身份成为个人的财产,并且透过其所占据的位置和其与公权力的亲近程度来加以认定。相反,政治并不指认公民与国家的关系,它仅仅指认某个公民身份发生所凭借的部署与独特展现,但其本身从未属于任何个人。

我们也不该忘记,如果政治实践了一个与治安迥然不同的逻辑,它也总是无法与后者清楚地切割开来。理由很简单,政治没有自己的对象或议题。政治唯一的原则就是平等,但平等亦非政治所独有,况且,平等本身也不一定就具有政治性。政治所做的只是依据特定情境实现平等;以争议的形式在治安秩序的核心中铭刻平等的验证。一个行动是否是政治,不在于其对象或发生的场所,而是取决于形式。也就是说,对于平等的肯定,会在争议的提出与完全立基于分歧之上的共同体中出现。政治处处与治安遭遇,我们必须将此种遭遇视为异质的遭遇。为了能够做到这一点,我们必须放弃先前某些宣称两者之间能够顺利结合的概念,而权力的概念便是其中一个最主要的概念。这个概念曾经引发某些坚定的斗士们提出如下的主张:由于权力关系无所不在,因此"一切皆为政治"。自此,权力无所不在的晦暗观点,便得以呼应在每个当下与政治抵抗的英雄观点,或呼应那些对抗政治及其权力游戏的人所创造出来的肯定空间的有趣观点。权力的概念让人们可以从"一切皆为治安"推演出"一切皆为政治"的结论。然而,以此作为一个逻辑的结论却是相当粗糙的。如果一切皆为政治,便没有任何事情会是政治。因此，主张治安秩序已从特定的机构与技术中延伸开来，一如福柯已经精彩地指出的，纵然十分重要，但是说明没有任何一件事情仅仅因为权力关系作用其中便具有政治性也同样重要。一件事情要能够具备政治性，必须让治安逻辑与平等逻辑遭遇，而此遭遇从来就不是事先设定好的。

因此，没有哪件事情本身就具有政治性。但是，如果能够有个空间让两个逻辑相互遭遇，所有的事情都可能具有政治性。同样一件事，例如，选举、罢工或示威，可能让政治发生，也可能让政治无从发生。一个罢工不会因为它所诉求的是改革而非较好的待遇，或者将矛头指向权威关系而非薪资问题，便具有政治性。而是当其重新配置界定工作场所与共同体的关系时，才具有政治性。家务空间也不会因为权力关系作用其中此一简单事实而成为一个政治空间，毋宁是因为家务空间成为关于共同体中女性能力争议中的一个争论主题而具有政治性。同样的概念，比如说，意见或法律，可以用来界定政治行动的结构，也可以用来界定治安秩序的结构。如此一来，同一个词汇，例如，"意见"，可以界定两种截然对立的过程：以一种被统治者的"感受"形式展现的政府正当性之再生产，或在此正当性与感受之间搭建起一个冲突场景；从已经被提出的各式回应中进行选择，或者发明一个至今无人提出的问题。但是，必须说明的是，这些词汇也可能，且事实上大部分的情况也是如此，造成两个逻辑彼此之间纠缠不清。政治在治安的基础上行动。即使它意味着重新打造这些场所，并改变那些语词的状态，它也可能在两者共同的场所中使用共同的语词来行动。那些往往被视为政治空间的国家机构，实际上便不是一个同质的场所。其配置乃取决于政治逻辑与治安逻辑之间的关系状态。不过，那无疑也是一个特殊的空间。在其中，彼此之间的差异，可以借由预设共同体的**原则**（arkhê）① 与其制度的分配，亦即，实现原则的各种**建制**（arkhaï），而被掩饰。

没有任何一件事情本身就具有政治性，因为政治唯有在依循一种不专属于它的平等原则时才有可能发生。我们有必要进一步说明这个"原则"的位阶。平等不是既定的政治运作、不是一种透过法律体现的本质，也不是一套被设定要达成的目标。它是一个假设，只能在落实这个假设的实践中被理解。在阿文庭的寓言中，此一平等的假设甚至是在一个宣称那不平等之命定事实的论述中被理解的。阿格利巴向民众们解释，他们只是城邦中愚昧的部分，而贵族才是城邦的灵魂。不过，以这种方式教导民众，阿格利巴必须预设民众们听得懂他所说的话。他必须假定言说者的

---

① "arkhê"（αρχη）在希腊的文本中具有多重意义，包括开端、起源、宰制。后来，则延伸有根基、原则、权力等意义。在这个句子及下一段的讨论中，朗西埃所要强调的乃是政治不具有特定的原则，或者，平等是一种非原则的原则。朗西埃此处使用了法文的"principe"，而"principe"（其拉丁字源"principium"正是"arkhê"的拉丁文翻译）。值得注意的是，朗西埃在本书中并未针对这个概念进行比较仔细的讨论。在《十论政治》（"Ten Theses on Politics"）这篇文章中，他提及了在阿伦特（Hannah Arendt）等人的讨论中，"arkhê"这个字的动词"arkhêin"具有开启一个行动、领导与治理的意涵。朗西埃指出，如果"arkhêin"具有"领导""走在前头"的意思，那就意味着有人"被领导""走在后头"，也因此，对朗西埃而言，"arkhê"预设了优越者对于低劣者的宰制，而民主或政治主体的意义便在于打破此一逻辑。——译注

平等,而这却与赋予身体位置与角色的治安分配相互扞格。

让我们从一开始便同意那些主张平等是乌托邦,而□平等则是事物的自然状态的沉着心智们,上述假设的确一如□□所认为地空虚,其本身并不具有任何特定的效力或政治上的□□性。我们甚至可以质疑它从未具有如此的效力或可靠性。□□步地说,那些将此一质疑推进到极致的人,往往就是最伟大□□等捍卫者。政治若要发生,就必须存在着让治安逻辑与平等逻□□遭遇之处。此一空白平等（l'égalité vide）的可靠性本身,□□能是空性（propriété vide）,一如雅典人的自由。政治的可□□或不可能性便是在此展现,而这也是让那些沉着的心智深□□感之处,毕竟,对他们而言,平等与自由的空论阻碍了政治的□□。然而,问题却恰恰相反:政治若要发生,便必须在任何□□每一个人之间的非政治空平等中,创造出与雅典人民（dé□□）的自由一样具有政治特质的空。人们可以拒绝此一假设,□□其他地方已借由雅各多（Joseph Jacotot）① 这位主张知性平□□知识解放的理论家的思想,分析过拒绝此一假设的纯粹□□雅各多激进地以平等预设的逻辑对抗社会身体集结的逻□□对雅各多而言,此一平等总是有展现的可能,若非如此,□等便难以想象。不过,前提必须是这些行动都是独一的,□□每一次皆是平等验证之纯粹痕迹的重申。这种永远独一的□□行动,不能具有任何形式的社会连结。平等从其渴望在□□或国家组织中占有一席之地

---

① 雅克·朗西埃,《无知的□□》（*Le Maître Ignorant*）, Fayard, 1987.（此书的英译本为 *The Ignorant S□□ Master: Five Lessons in Intellectual Emancipation*, trans. Kristin Ross, Stanf□□ University Press, 1991. ——译注）

的那一刻起，便将产生适得其反的效果。也因此，知性解放若要制度化自身，就一定得要成为人民的指导，亦即，成为其永远少数者的组织。这两种过程也必须保持绝对的分离，即使由相同的个人所组成，它们仍然构成以下两种截然不同的共同体：由平等的知性所组成的共同体，以及由不平等的虚构聚合众多社会身体而成的共同体。除非将平等转变成其对立面，否则这两个共同体之间不可能形成任何的关联。知性的平等，作为所有沟通与社会秩序的绝对条件，无法借由某种集体主体的空白自由对此秩序产生作用。社会中的每一个个体都可以被解放。但是此种解放——平等效应的现代名称——永远不可能创造出属于任何**人民**（démos）或任何其他此类主体的空白自由。社会秩序之中，没有空白，仅有盈满；仅有力量及与其对抗的力量。政治因此无关紧要，它仅能是治安，也就是，对于平等的否认。知性解放的吊诡，让我们得以思考**话语**与错误之间的根本连结，也就是思考错误将平等逻辑转变成政治逻辑的根本功能。平等不是没有办法对社会秩序产生任何作用，就是以一种特定的错误形式发挥作用。让雅典穷人成为政治主体，亦即成为**人民**（démos）的空白"自由"，便是这两种逻辑的交会。正是错误将共同体建构成为一个奠基于冲突之上的共同体。政治是一种实践，借由此一实践，平等逻辑采取了诉诸错误的方式，而政治则借着成为攸关错误的争辩而连结到工作、角色和场所的分配等既定的争议上。政治乃是由于各种主体或各种特定的主体化的部署而得以发生。这些部署衡量了不可衡量者、平等特征的逻辑和治安秩序的逻辑。其行动的方式，乃是以任何可能的社会团体之名，联合而成人人平等的纯粹空名，并且在结构共同体的治安秩序之上，加诸另外一个仅能透过冲突且是为了冲突而存在的共同体，也就是，一个在攸关有分者和无分者之间的共同事物所形成的冲突上所建立起来的共同体。

政治攸关主体，或者毋宁说其关注的是主体化的模式。借由**主体化**，我们理解到主体乃是一系列在既存的经验场域中无法被指认的身体行动与发话能力的产物，而其指认必须伴随着经验场域的重新配置。笛卡儿的**我是**（ego sum）、**我存在**（ego existo），便是与一连串隐含着产生新经验场域的运作中不可分割的主体原型有关。所有的政治主体化所依据的都是这个定则，亦即，**我们是，我们存在**（nos sumus, nos existimus）。这意味着其所创造的主体，除了拥有此套运作与此种经验场域间的相互对应之外，别无其他。政治主体化创造出一种共同体的治安结构中所不存在的杂多、一种在计算上与治安逻辑矛盾的杂多。人民是最先解散共同体的杂多，是主体的首次铭刻与表象的场域。在其基础上，其他的主体化形式得以铭刻其他的"存在者"、其他政治争议主体。主体化的模式并非从**无中生有**，而是透过将功能与场所分配的自然秩序中的既定身份转化成争议体验的场合。"工人"或"女人"，很明显，并非任何神秘的身份。每个人都知道那所指的是**谁**。但是政治主体化则针对**谁**与**什么**之间的关系提出质疑，并以一种显然是多余的方式倡议其存在，弭除了此种明显性。在政治之中，"女人"是一种经验主体、一种去自然化的与去女性化的主体，用以衡量介于被承认的部分（性的互补）与无分者之间的差距。"工人"或"无产者"，同样也估量了作为社会功能的工作的部分，与在共同体共同的界定中实现此一功能的那些无分者之间的差距。所有的政治主体化都是此类差距的揭露。人们耳熟能详的治安逻辑认为，具战斗性的无产者**不是**工人而是无阶级者（déclassés），或认为富战斗性的女性主义者是其性别的异类。总的来说，的确是有理由如此认定。所有的主体化都是去身份化/去同一化，从一个场所的自然状态中撤离出来，是任何人都可以被算入的主体空间的开启。因为在此空间中那些不被算入的人也都会被算入，而在有分与无分者之间的连结也会被建立起来。"无产者"政治主体化，一如我已尝试在其他地方说明过的，绝对不是某种"文化"的形式，或某种能够发声的集体**习性**。相反，它预设了一种将工人的身体从他们的**习性**，或者从那些被假定为能够表达此一习性灵魂的声音中分离出来的多重断裂：一种多重言说事件，一种关于言说与声音、感知分配冲突的独特体验。"发言"，不是自我宣称真实自我的觉醒与表达。那是一种场所的占领，而**话语**在此场所中，界定了一个迥异于**声音**的特质。此一占领预设了"工人"的命运在某个意义上受到对**复数话语**（logoï）力量的体验所扭转，而其中古老政治铭刻的复生，可以与亚历山大诗句中的秘密相结合。打从一开始，现代政治动物便是一种文学动物①，而处于一个文学回圈之中。这个回圈松动

---

① 文学与政治的关联，不在于文学可以为政治提供新的再现架构，而在于引发热情，挑战既定的感知配置规则，创造新的感知经验，参见 Jacques Rancière, "Afterword/The Method of Equality: An Answer to Some Questions". in Gabriel Rockhill & Philip Watts eds. *Jacques Rancière: History, Politics, Aesthetics*（《雅克·朗西埃：历史、政治、美学》），Durham: Duke University Press, 2009: 278-279.——译注

了那决定每个人位置的词语秩序和身体秩序的关系。政治主体化便是这些多重断裂线的产物。透过这些断裂线，各个个体与个体网络主体化了具有声音的动物状态，及其与**话语**平等的激烈遭遇之间的间距。①

由是，在治安秩序之上铭刻政治失序所造成的差别，乍看之下，可以呈现为主体化与同一化之间的差别。它铭刻了一个与共同体中任何一个被指认出来的部分都不一样的主体的名字。这一点可以借由一个历史情节，也就是现代无产者主体首次政治现身的言说场景来加以说明。那是一个发生于1832年革命家布朗基审判场景中的经典对话。当布朗基被法院庭长问及他的职业时，他答道："无产者。"法官立即驳回，并说："那不是一个职业。"但也因此遭到了被告立即的回驳，"这是三千万靠着自己的劳力维生，却被剥夺了政治权利的法国人的职业。"②于是，法官同意让法庭书记官将无产者列为一种新的"职业"。布朗基的两个回复，总结了整个政治与治安之间的冲突：所有的事情都环绕在一个单一的语词，也就是**职业**之上。对于体现治安逻辑的检察官而言，职业意味着工作、行业，将身体置放在

---

①在《无产者之夜》（*La Nuit des prolétaires*，Fayard，1981）这本书中，我已经试图说明了，在此同时，这也是它的毁灭，或者尼采意义上的**没落**（Untergang）。就言说事件的逻辑而言，也请参阅我的《历史之名》（*Les Noms de l'histoire*，Paris：Le Seuil，1992）。我认为这个说法与南希（Jean-Luc Nancy）在《世界的意义/方向》（*Le Sens du monde*，Galilée，1993）这本书中所思索的"发言"（prise de parole）类似。

②《公民路易·奥古斯都·布朗基在法庭上的答辩》（*Défense du citoyen Louis-Auguste Blanqui devant la Cour d'assises*），Paris，1832：4.

某个位置与功能上的活动。很清楚，无产者并不表示任何职业，顶多只是那些被模糊界定的、一贫如洗的手工劳动者，而这在任何情况下都不适用于被起诉的布朗基。不过，在革命政治之中，布朗基赋予了同一个语词不同的意义：职业是一种信念、一种集体归属的宣称。只是，这个集体是一种特定的集体。布朗基将自己列入的无产阶级，绝对不能被等同为一个社会团体。无产者既不是手工工人，也不是劳动阶级。他们是那个只能作为不被算入者而被算入之不算数的阶级。无产者这个名称既不界定一组群众平等拥有的特质（手工劳动、工业劳动、穷困等），也不是一个体现某一原则的集体，其中个体将作为此一集体的成员。它是一个主体化的过程，亦即暴露错误的过程。"无产者"的主体化，透过在工人之间建立起关系，而定义出了一个错误的主体。被主体化的不是工作或贫困，而是简单地将不被算者算入的计算；是社会身体的不平等分配与言说者的平等之间的差异。

这也是错误所揭露的无产者这个名称，和历史上记载的"普遍受害者"及其特定的**悲情**全然不同的原因。19 世纪 30 年代受苦的无产者所揭露的错误，和雅典民众没有原则的自由所隐含的**伤害**（blaberon）有着相同的逻辑。他们都具备了将自己与共同体整体等同起来的勇气。正是在雅典民主的这个例子中，此话语结构在根本上发挥了将**人民**（démos）作为部分与整体相结合的作用。另一方面，无产者的资格宣称，使得两种人民之间的间距，亦即，在被宣称的政治共同体与将自己认定为自此一共同体中被排除的人之间的间距更为明显。"人民"（Démos）是将部分与整体同一化的主体。相反，"无产者"则是主体化那些让整体与其自身有所差异的无分者。柏拉图责备的是那些被算入之不可算入的**人民**（démos）。布朗基，以无产者之名，将不被算入者铭刻在一个可以将他们作为不被算入者而被算入的空间之中。一般而言，政治便是源自于此**错误计算**；它是一种非阶级的阶级工作，以一种特定部分或共同体的整体（穷人、无产者、人民）的特殊名称，对区隔并重新连结两种共同体异质逻辑的错误进行铭刻。因此，错误这个概念和任何"受害化"剧码无关。它是所有政治的原初结构。错误就是采取了政治性主体化模式的平等验证。政治乃是因为平等这唯一普遍采取了的特定的错误形式才得以发生。借由将平等（作为无分者之分）的显现与社会中的不同部分间的冲突联系在一起，错误构成了一种独一的普遍、一种具争论性的普遍。

因此，政治中的根本错误，乃是一种特定的类型，我们应该将之与常常被连结在一起，并导致其消失在法律、宗教与战争中的其他形象区别开来。首先，它与法律诉讼不同，因为法律诉讼会被客观化为透过合宜法律程序调节的不同组成部分的关系。很简单，在指称错误之前，没有所谓的组成部分存在。在以无产者之名揭发错误之前，无产者根本不是社会中真正的一分子。尤有甚者，其所揭露的错误无法透过各造之间的协议来进行调解。它之所以无法被调解，乃是由于政治错误所启动的主体，不是那种对其而言某件事情的发生纯属偶然的整体，而是一种其存在的目的便是在于揭发错误的主体。错误会永无止境地持续着，因为平等的验证亦是永无止境的，任何治安秩序对于此一验证的抵抗则是家常便饭。不过，指出错误无法被规约，并不意味着错误无法被处理。错误与无法达成和解的战争或无法清偿的债务不同。政治错误无法借由各造之间妥协的法律诉讼客观性而获得解决，但是它却可以借由主体化的机制让错误成为各组成部分之间可变更的关系或活动场域的转变来加以处理。言说者的平等与社会身体配置之间的不可共量是以彼此的关系来进行衡量，而此一衡量对此分配本身也会产生作用。在法律解决与无法清偿的债务之间，政治争议揭示了一种可以被处理的不相容性。简单地说，这个处理超越所有关于个别利益与任何权利义务相互性的对话。它通过主体建构掌握、形塑、发明新形式、进行命名，并且以一种特定的**证明**的蒙太奇而获得实现。其论点的"逻辑"在于重新形塑言说与其**理据**的关系、划分**话语**的**声音**领域和力量之感知配置、可见与不可见的空间，以及将这些连结到组成部分与份额的配置之上。政治主体化重新划定了赋予每一个人身份与其分属的经验场域。它瓦解但也重组了定义共同体的感知组织的各种**作为**、**存在**、**说话**模式之间的关联；它也瓦解与重组了人们从事某件事的场所和人们从事另一件事的场所之间，以及某个特定的**行为**所需的能力和其他行为所需的能力之间的关系。举例来说，它对于工作或母职究竟是私人事务或社会性事务，某一社会功能是否为公共功能，以及该公共功能是否具有政治性质等等提出质疑。政治主体不是一种"认识"自己、找到自己的声音，或者将自己强加于社会的团体。它是一种操作，连结或打断了存在于既有经验形态中的不同领域、地区、身份、功能与能力，也就是说，它是治安秩序的分配与任何铭刻其上、不论是脆弱或者稍纵即逝的平等之间的连结。例如，一场工人的罢工，典型地说，便有可能将两件原本"毫不相关"的事情连结在一起，例如人权宣言所宣称的平等以及某种与工时和职场规约有关的模糊问题。因此，进行罢工的政治行为就是在这些原本互不相干的事情之间建立关系，让关联与无关联一起成为同一个争议的对象。此一建构隐含了关于工作"组成部分"顺序之界定的一系列转变：它预设了一个人（雇主）与另一个人（每一位受雇者）关系的多样性应被视为集体关系；预设了工作的私人场所应被视为属于公共可见性的领域；也预设了将场所与工作的部分视为私人关系之噪音（机械、叫喊、受苦）与论证式的言说之间的关系位阶，等等，都应该被重新形塑。政治主体化乃是借由指出存在同时是非存在，或者非存在同时也是存在，而创造出揭露两个逻辑之间矛盾的争议场景与吊诡场景的能力。德鲁安（Jeanne Deroin）相当具有代表性地在1849年让自己作为一场她实际上无法参与的国会选举的候选人。易言之，她论证了普遍投票权与其性别被排除于此一普遍性之间的矛盾。她彰显自身，也揭露了"女人"这个主体必须被纳入在当时仍然将她们排除在外的法国人民之中，而法国人民乃是拥有普遍投票权与在法律之前平等的主权者。此一论证不是对于某种普遍性的不一致性或谎言的谴责，而是将治安逻辑与政治逻辑的矛盾搬上台面。这就是共和定义下的共同体的核心。德鲁安的论证之所以具有政治性，并不在于她认为家庭与家务具有"政治性"。家庭与家务本身并不比街道、工厂或政府更具政治性。德鲁安的论证之所以具有政治性，乃在于它为一个不寻常的情节提供了明证，进而标示了女人的参与和共同体的共同之定义本身之间的共和式关联。共和是一个同时建立在没有性别差异的平等宣称，以及在法律与道德风俗互补性的观念之上的体制。根据此一互补性，女人的参与是用以形塑道德风俗与公民心灵与心智之教育的一部分。女人不仅仅只是作为未来公民的母亲与教育者，更重要的是，对某些可怜的女人而言，也是她们丈夫的母亲与教育者。因此，家务空间既是有别于公民空间的私人空间，同时也是被法律与道德的互补性所认定之公民权的落实空间。女人在选举场合中不正当地现身，将此一被治安逻辑所束缚的政治之法律与道德风俗的共和**场所**，以一种逻辑的方式转变成为一种对错误的揭露。借由建立论证的独特与争议的普遍性，她的现身使得遭受分配功能与份额的治安逻辑所扭曲的共和普遍性，被展现为特殊普遍性。这意味着，她将所有这些被治安逻辑分配给作为法律公民的母亲、教育者、照顾者、文明教化者的女性之母职功能，以及"特权"与能力，转化为女性的**我们是**、**我们存在**的论辩。

如此一来，将两件不相关的事物连结起来的做法，构成了两个不可共量的秩序——感知分配中社会身体之不平等分配的秩序与一般言说者的平等能力的秩序——之间的衡量。这的确是一个关于不可共量者的问题。但是这些不可共量者在彼此之间进行了充分的衡量，而此种衡量重新形塑了份额与组成部分之间，以及可能引发争议的对象和可以构连此争议的主体之间的关系。它在自由之中重新铭刻了平等，同时也为其他的论证提供了新的可见性领域。政治不是由权力关系所构成；它脱胎于不同世界之间的关系。

第三章
歧义之理性

La raison de la mésentente

作为政治基础的不可共量性,不应该被视为"非理性"。相反,不可共量性正是**话语**(logos)及其所定义的"**无意义的字**"(alogia)之关系的衡量标准。在柏拉图及亚里士多德的希腊文中,"**无意义的字**"有双重意义:不仅意味着仅发出愉快或是痛苦噪音(bruit)的生物之动物性,也意味着分隔善的几何秩序及交换与补偿的简单算术之间的不可共量性。政治的确有一个逻辑,但是这个逻辑无可避免地必然立基于此**话语**的二元性本身,也就是它同时既是言说(parole),也是言说之考量依据(compte de la parole)。政治确定了逻辑的特定功能:如巴隆舍(Pierre-Simon Ballanche)的寓言所呈现,使**感知**显现出来的,正是一个分配与共享的场域,一个共同体及其内部的区分。若忽略了政治"对话"的双重特殊性,便会自陷于一种虚假选项:一端是沟通理性的光芒,另一端则是天生暴力或无法化约之差异的黑暗。政治理性若要是可思考的,只有脱离特定理性二选一的条件:若不是合作者为了讨论而提出利益与标准的交换,就是非理性的暴力。

提出如此的选项,实际上是过于快速地将预设视为既存的知识:将属于政治理性及**宣称**公正与非公正的讨论,等同于言说行动的特定情境。对话的理性因此也等同于说话者彼此说话的关系,也就是第一人称与第二人称的文法模式。在此模式中,说话者所进行的,只是要与对方之利益或价值体系对质,并且检验其有效性。若要认为如此就构成了理性政治**话语**形式之确实描述，以及正义因此便可以通达于社会关系之中，就太简单了；这似乎认为交谈者在谈话中听到对方的声明，就同时可以了解引起此发言的行动，而启动支撑此了解的互为主体的关系。一般语言的实用性，正在于使声明对于说出话的人具有意义与效果，声明因此也会提供理性与公正交换之目的。

了解与相互了解之间的等同——难道这正是**话语**在社会关系内流通并达成效果的方式？我们当然可以如此回答：这种同一性只是预期，期待一种尚未被提供的理想说话情境。我们可以同意一个成功的发话行为（illocution），总是对于一个尚未发生的说话情境的预期，但是这并不表示这个预期所承载的便会导向了解与了解之间的等同。相反，正是在两个被选择的"了解"（comprendre）之间的差距（écart）处，设置了政治对话的合理性，也建立了适当的"成功"形态：不是合作者对于其所属部分最佳分配的同意，而是这种分配与共享的最佳宣称。目前的用语足以让我们学习一个特殊的语言事实："了解"这个动词的各种说法，通常需要透过非字面的诠释，甚至常常要严格地透过反语，才能够被了解。在一般的社会惯用语中，"你了解我吗"的表达是一种假问题，其肯定性的内容是"你一点都不了解，你不需要了解"。甚至可能是："你无法了解。你只要服从。"因此，"你了解我吗"这句话恰恰是让我们知道，"了解"意味着如果不是相反的，至少就是两件不同的事：了解一个问题，以及了解一个命令。在实用主义的逻辑中，说话者为了其语言行为的完成，必须服从于相互了解的有效条件。不然，说话者便会落入削减声明力量的"表述行为的自相矛盾"（contradiction performative）。或者，"你了解我吗"是透过"表述行为矛盾"来嘲弄自身的表述，因为这个表述让自身被了解的方式，是在同一个字的两种意义及两种说话者范畴之间划上分配/共享之线。这个表述行为让听到此话的人知道有人了解此问题，而有人只需要了解前者所给他们的命令。此处牵涉的感知分享的指定不必经过概念化的操作，就可以成功地带出亚里士多德所做的区别：仅仅透过**话语感知**，或是对话语的**占据**。①

这不是要召唤出权力法则的宿命，而永远事先封锁沟通性语言，并在所有论证理性之上加上暴力的标记。这只不过是要指出，论证的政治理性永远不是仅仅简单地澄清说话的意思。若要让言辞服从于有效性的条件，这意味着要将各成员参与**话语**的模式放置于具有争议性的位置。政治论证的情境往往散布于既存的分配与共享中，而且持续重新制造具有问题性的语言，以及命令/秩序（ordre）的语言。"你了解我吗"的诡计，并不是论证能力失效的权力黑夜——特别是关于权利的论证能力。然而，此诡计迫使场景复杂化，正如对"你了解我吗"这句话的回应，也必然要转换方式来讨论。听到这句话的人，在思考了这句话及其双重意义之后，会在几个层次上做出回应。在第一个层次，他们会表示："我们了解你们，因为我们了解。"意思是"因为我们了解你的指令（秩序），所以我们与你享有同样的了解能力"。然而，在第二个层次，这个同义反复的模式会变得更为复杂，正因为它——具有争议位置的分配与共享——带出了这个问题所预设的差距（l'écart）：命令的语言与问题的语

---

① 参考亚里士多德，《政治学》，I，1254b 22.

言之间的差距,正是**话语**内部的差距。此差距区分了对于陈述的了解,以及对于每一个人说话之理据(compte)的了解。这个回应也因此变得复杂,"我们了解当你说:'你了解我吗',你所说的意思是什么。我们了解在说出'你了解我吗'时,实际上你是在说:'你没有了解我的必要,你没有任何方式可以了解我。'"

但是,这个第二层次的了解本身,可以透过两种相反的方式被了解与普世化,这取决于这句话在言说能力与言说理据之间的差距如何暗示了共同体与非共同体。第一种方式使得这种理据成为发言意义的最佳诠释方式。这种说法可以归结如下:"我们了解你使用这种沟通的手段,是为了要将你的语言强加于我们身上。我们了解当你将你的命令设定为一种共同语言时,你在说谎。简单地说,我们了解所有语言和沟通中的普世性命题都只是一种'伪装物',事实上只不过是权力的特殊用语,以及只是我们自己也应当锻造属于我们自己的语言模式。"第二种方式则会朝向相反的论证,将(能力的)共同体视为(计算理据的)[du compte]非共同体的最后一个理由:"我们了解你希望向我们说明有两种语言,而我们无法了解你。我们看到你如此做,是为了将世界区分为下命令者及服从命令者。相反,我们的看法是,虽然你并不要我们如此了解,可是我们之间只有一种共同的语言,因此我们可以了解你。换句话说,我们了解当你否认只有一种共同语言时,你在说谎。"

于是,"你了解我吗"这个虚假问题的回应,便暗示了特定说话场景之构成。在此场景中,发言者的位置被揭露出来,而建构了另一种关系。说出的话因此从原本自然发生的情境中被抽离出来。这句话被放置于另一个它无法发生作用的情境中，在此处，它成为被检查的客体，而降低为一个共同语言的地位。在这个将"功能性"陈述进行客体化与普世化的评述空间中，陈述所宣称的有效性彻底被检验。在设立政治本身所具有的共同争辩中，**评论中话语**及其自身之差距的客体化作用，也就是在第一人称与第三人称之间具有争议性的差距，事实上并没有不同于第一人称与第二人称之间**沟通**的差距。无疑，这个对于人称位格转换的不信任，阻碍了哈贝马斯（Jürgen Habermas）在共同体的论证理性，以及特定利益团体之组成的单纯讨论之间做出的区分。在《现代性的哲学论述》（*Le Discours philosophique de la modernité*）中，哈贝马斯指控他的对手在论证与沟通的场合使用了观察者的观点，也就是第三人称观点，而使得沟通理性被僵化，因为他认为沟通只有在第一人称与第二人称的观点结合处发生。① 但是，这种对立将政治讨论的论证理性封锁于与其试图征服者同样的说话情境：有关利益之对话的单纯理性。在低估了政治**话语**多重性所牵涉的人称位格转移之时，哈贝马斯也忘记了第三人称同时是使用直接叙述与间接转述的观察者与被客体化之人。他忘了人们时常对其同伴使用第三人称，不仅是在不同语言的礼貌性公式之中，也在对话情境设定说话双方的关系之中。我们的剧场有几句代表性的对话可以总结性

---

① "论第三人称观点，这个观点无论是朝向外界或是朝向内心，都僵化于客体之中"（«Sous le regard de la troisième personne, que ce regard soit tourné vers l'extérieur ou vers l'intérieur, tout se gèle en objet»），哈贝马斯，《现代性的哲学论述》，Gallimard, 1988：352。

地呈现这种手法，例如莫里哀的《守财奴》中守财奴阿巴贡（Harpagon）的厨师/马伕与门房的对话：

> 雅克大人是个有理性的人。
> ——而门房大人则是个管理生活必需品的人。

这种戏剧冲突属于家务琐事的冲突。它巧妙地展现了"礼貌的第三人称"与构成社会冲突而占据身份认同的第三人称之间的连结。工人代表宣称了"工人不接受……"时使用了第三人称；如果将这个被第一人称所使用的第三人称简化为集合体寻找到自己声音**感觉**的自然过程——动物性过程，或是简化为某种不可能存在或是失落的集合体之虚假认同，那就是疏忽了此处所暗示的人称规则的逻辑。在政治讨论的逻辑中，第三人称的手法是不可或缺的。永远不会是简单的对话，总是太少或是太多。太少，因为它永远存在于宣称争辩位置的独白形式之内，这是**话语**本身的差距；太多，因为任何评论总会建立人称的转移。在这个游戏中，所谓的"他们"运用了三重的角色。首先，它指认了他者，不仅是那些有利益冲突的人，也指认了作为说话者的对话情境本身。其次，它向一个第三人称说话，并且向他提出问题。第三，它设立了第一人称，那个作为共同体代表者"我"或是"我们"的说话者。在政治中，我们会说这些游戏的总合就是"公众意见/民意"。**政治性**民意有别于国家合法化程序的治理：这些民意主要并不是讨论共同问题的启蒙分子网络，而是特定类型的学者专家之意见，一种评断人们说话方式以及决定话语诠释意义之社会秩序的意见。这说明了在一些喜剧中，在仆役角色之命运与公众意见之间，同样观念所形成的历史性关联。

在所有论证及政治辩论争议的核心，首要的争论是关于语言的理解（entente）意味着什么的问题。显然所有对话都假定了对于发言内容的某种了解。争议性问题在于，这种了解预设了一个相互了解的**目的**。所谓的"争议性问题"便是指两件事：首先，有一个仍然留待证明的预设；此外，这个首要的争议正是所有特殊论辩背后的关键。任何对话与辩论的情境，都从这个无法化解并且充满冲突的首要争议的问题开始分歧——从语言的理解可以推断什么的问题。

实际上，此理解或多或少可以推断出一些事。以命令可被下位者了解的事实来看，我们可以简单地推论这种命令的确已经下达，而发出命令的人成功地做到了，其结果是接受命令的人会执行他们的工作，作为发布命令者延伸的工作，并且遵守在简单**感觉**与完整**占有**之间的分配。另一种完全相反的推论则是：下位者了解上位者的命令，因为下位者参与了作为说话者的同样的社群，因此就某个意义来说，他们是平等的。简单地说，我们可以推论，正因为说话者之间的平等，社会位阶的不平等才会发生作用。

这种推论会令人不安。无论如何谨慎行事，社会显然总是早已经如此运转。社会运作于一个理念之上：在语言理解与社会秩序的界定之间，没有任何因果关系。社会以其自身之功能与秩序运行，有其对于参与者份额以及组成分子的分配，其基础似乎被一个更为简单的逻辑所确认，亦即不平等就是由于不平等而存在。其结果是，"正常而言"，理解意义的逻辑只会在颠覆性的悖论或是无止境的冲突形式中出现。若要说因为下位者了解上位者所说的话，共同的言说情境因此便存在，那么在两个阵营之间就不会有意见不和或是原则上的对峙：有人认为有理解意义上的协议，所有说话的人都以作为说话者而彼此平等。但是，也有人不认为如此。其悖论在于：那些认为对于意义之理解有协议的人，恰好无法从冲突与歧义（mésentente）的形式进一步提出推断，因为他们必须能够在不可见之处使其可见。政治性舞台，也就是共有争议的悖论性共同体之舞台，不可能等同于属于共同语言对象与意图的合作者之间的沟通模式。这并不意味着政治舞台已经回到语言的不可沟通性，或是回到语言游戏之异质性所伴随的理解协议之不可能。政治性对话总是混杂着语言游戏及语句体制，也总是在异质性交会的序列展现中，将普世性特殊化。语言游戏与异质性的语句体制，永远构成了可供了解的错综关系与辩论。问题并不在于"不同语言"——字面意义或是修辞意义——的说话者之间的理解协议，也不在于为了修补"语言之失灵"而创造新语言。问题在于，无论他们是否说话或只是发出噪音，首先要知道对话中的主体是否被计算/考量为"在"或"不在"（"sont"ou"ne sont pas"）；问题也在于，要先知道他们所指认的可见冲突对象是否真正成立；问题更在于，要知道他们在暴露一个错误/伤害（le tort）时所使用的共同语言，是否真正是一个共同语言。此处的争执点与语言内容之透明或晦涩与否完全无关，而与作为说话者本身的理据有关。这就是为什么在属于诉讼的现代与属于歧论（différend）的现代之间，并没有对立：前者与昨日的大叙事及普世受难者的剧码有关，后者与当代语言游戏及各种小叙事之破碎有关。①语言游戏的异质性并不是悬置政治大叙事的现实社会的宿命。相反，语言游戏构成了政治，而有别于司法与商业的平等交换，也有别于宗教与战争的相异性。

这就是罗马城阿文庭山（l'Aventin）场景的意义。这个特别的场景并不只是一个有关"起源的故事"。这种"起源"会不断重复。巴隆舍的故事以一种回溯式预言的不寻常形式呈现：罗马历史的一个时刻被重新诠释，而改写为一般人的历史宿命之预言。但是，这个回溯式的预言也具有对于立即未来的预期效果。巴隆舍的作品出现在1830年春季与秋季之间的《巴黎评论》（Revue de Paris）。在这期间，七月革命在巴黎爆发；对许多人来说，这就像是巴隆舍所说的"所有人民的通则"之**此时此刻**的明证。随着这个革命发生的，是一系列的社会运动，正好是以巴隆舍的故事所描述的形式发生。角色的名字、背景与道具可以改变，但是其法则却是一样的。此法则的关键就在于，在所有独特的冲突之周围创造出一个舞台，上演由说话者所构成的冲突双方之平等或是不平等。无疑，当巴隆舍写下他的寓言时，相当于古代平民（plébéiens）的现代无产阶级并**不是**言说者：他们的说话与工作之间被认为是毫无关联的。无需去解释其无足轻重，只需不去考虑此关系就够了。使得现存秩序得以运作的人，无论是以统治者或元首、总督的身份，都不考虑言说与工作两项之间的关系。他们没有考虑在两种身份之间的中间项，这个中间项可能会结合分享共同语言的说话者，与在工厂安置职位或在制造厂工作的工人。结果是，他们完全无法考

---

① 参考让-弗朗索瓦·利奥塔，《歧论》，Minuit, 1983.

虑工人以薪资之名所接受之份额如何可能会成为共同体事务，从而成为公共讨论的对象。

因此，争论总是与偏见有关：有必要建立一个讨论此议题的共同世界吗？在巴隆舍的寓言发表之后的数年间，社会运动或是工人运动之中出现了歧义。这些运动指出共同世界的确存在，一般的说话者与任何特定功能之从业人员之间有共同的特性，此种共同特性也属于工人及其雇主之间，他们属于同一个早已被承认也被铭记的共同体——纵使是以某种理想而短暂的方式铭刻：关于法律之前人权与公民权利平等的革命宣言。注定使理解的协议成为行动的歧义，就在于其坚持法律之前"人与公民平等"，而这种关于平等之铭刻形式已经事先定义了共同体与公共领域，包括特定主体之间可以公开讨论的"事务"，以及决定执行此讨论的空间。

这种确信透露了一种独特的论证场景。工人主体必须以似乎此场景的确存在的方式被计算为对话者，**似乎**有一个可以讨论的共同世界，一个显著的理性**与**非理性的世界、出众的明智及决然的颠覆，因为这个世界其实并不存在。当时的罢工以这种悖论式的愤怒作为他们独特的论述结构：他们努力证明只要有合理性的说话者，就会有工人进行罢工；集体停止工作的行动，不是因为痛苦情境而发生强烈反应的**杂音**，而是表达了一个**话语**；他们并不只是力量的连结，而是组成了关于他们权利的**示威**，一个可以透过其他组成分子而构成的公正宣示。

当时工人的宣示因此呈现了一个值得注意的论述结构，其中最主要的特性可以被系统性地说明如下："这是我们的论点。你可以，或者应该说，'他们'可以承认这些论点。任何人都可以承认这些论点。"这个表态同时是对着表达公众意见的"他们"说话,也对着此公众意见所涉及的"他们"说话。当然,这个承认不会发生,因为这种表态自己预设了不会被承认,也就是说,有一个以公共空间形式存在的共同世界,在其中两组说话的人——老板与工人——可以交换他们的论点。但是,工作的世界被设想为一个被剥夺的世界;此处,个体对任何其他个体提出条件,而每一个人会依照其理据接受或拒绝此条件。从此刻开始,没有任何论点可以在由不存在的主体对着同样不存在的主体谈论一样是不存在的对象之下被接受。因此,只有反叛,只有被激怒之身体所发出的噪音。唯一能够做的事是等待其停止,或是请求政府当局使其停止。

冲突的论述结构因此透过第二种特性而变得更为丰富,并且发展出第二重运动,"我们所持关于我们权利之论点是合理的,我们断定有一个论证的共同世界也是合理的。正因为那些应该承认此状况的人不承认,因为他们的行为完全忽视了这个共同世界的存在,因此我们如此做是合理的。"在论证结构的这个第二重运动中,评论的客体化功能扮演了必要的角色。当时的工人示威对于他们雇主老练于压抑公共权力的演讲、法官的谴责以及新闻业者的谈论,做出了评论,以便显示他们的言论违背了理性与论证的共同世界之**明证**。他们宣称那些否认工人罢工权利的掌权者或长官所说的话,正是对于这种权利的确认,**因为**这些言论暗示了一种非沟通性、一种不可能并且矛盾的不平等。如果"表述与行为之矛盾"会在此处介入的话,那就是在论证场景的核心必须先忽视其无知,以便凸显此无知。

让我们假设我们有这种歧义的情况,而将巴隆舍的场景转移到工人的冲突。透过公众意见的第三人称，此论证首先会设置一个歧义的场景，这意味着先界定了双方的关系：反叛的杂音或是暴露错误的言说。

> 这些先生们以轻蔑的方式对待我们。他们唆使迫害的权力来对付我们；他们居然胆敢控诉我们的**反叛**。难道我们因此就是他们的黑奴吗？反叛！当我们要求提高我们的工资，当我们结合起来，试图废止迫害我们的剥削手段，改善我们艰苦的处境！他们的话真是无耻。光是他们所说的话，就足以使我们下定决心采取这个途径。①

这些老板将罢工的宣言描述为反叛的语言时所使用的口吻，已经合理化了工人们的宣言，因为这正显示了掌权者不把他们所雇用并且能够理解同样语言的人当作会说话的人看待。他们将工人当作制造噪音的动物或是只会听从命令的奴隶，因为他们的说话态度所暗示的不考量已经意味了工人的"无权利"。一旦歧义的场景这样被建立起来，就有可能这样来提出论据，即**仿佛**（comme si）此前参与各方之间已经进行过这种被另一方所拒绝的讨论了；简言之，就有可能透过论证与估量，而确立工人请愿的有效性。罢工时关于"权利"的宣言同时也显示了

---

① 《对裁缝主宣言的答复》（Réponse au manifeste des maîtres tailleurs），《政治与文学讲坛》（La Tribune politique et littéraire），1833年11月7日（文中画线强调处）。

第二个事实，也就是当他们拒绝将工人权利纳入考量的同时，他们也不接受工人所说的话。

> 还需要我们权利的进一步证据吗？请注意这些先生们的文字。……他们以谦恭的话语作为结束是没用的：我们太了解他们了。①

这个"我们完全了解他们"巧妙地总结"了解"意味着歧义的政治性结构。这种了解暗示着一个复杂的对话结构，此结构双重地构成了被双重否认的共同体场景。但是，这个共同体场景只存在于一个"我们"相对于"他们"的关系中。这种关系只不过是一种非关系（non-rapport）。在辩论情境中双重地纳入拒绝这种关系的人——在现行体制中合理化否认此关系的人。这种关系首先是以他在此情境中的确被了解的假设纳入了他，认为他可以了解此辩论（以及他的了解是因为他无法提出任何回应）。这种关系以对话中所暗示的第二人称之方式纳入他。此外，这个关系也在他从此情境中扣除自身的事实中，在他不去理解此辩论，并且以适合于说话者之间讨论情境的身份演出时，而二度地纳入了他。

在任何实际上有可议之事的社会讨论中，这个结构都是内含于其中的。在此结构中，这些讨论所涉及的地点、对象及身体都处于争议性的位置，而必须在讨论之初立刻被验证。在任何利益与价值冲突之前，在任何主张被提出并且要求被指派的

---

①《对裁缝主宣言的答复》，前引书。

合作者确认之前,已经有对于对象的争议,争议本身存在与否,以及关于成员的争议。原因是,说话者由于他们有说话的共同能力而彼此平等的想法,是合理也是不合理的想法——不合理,因为这是社会被结构的方式,从古代的神圣皇室到现代的专业社会皆然。对于共同世界的主张,也透过一个具有悖论性质的场面调度而出现,并且构成了共同体与非共同体的整体。如此的扣连,永远会连结颠覆沟通的合理情境之悖论与闹剧对于世界及语言的理性划分,以及说话身体的言语、行为与存在秩序之重新分配。权利的**证明**或正义的**宣称**,正是感知分享的重新配置。在哈贝马斯的世界中,这种宣称肯定是使特定言辞之有效性发挥作用的沟通行动,也是使决定言辞的可接受性之权力关系转移为共同舞台的辩论。这种沟通避开了建立讨论基础"常态"规则的区分。在《现代性的哲学论述》中,哈贝马斯坚持两种语言行动之间的张力:打开世界的"诗学"语言,以及世界内部进行辩论与确证的语言形式。他指控那些他批评为误解此张力与必要性的人,他们忽略了美学语言在打开世界的同时,也在沟通活动的法则中必然地合理化自身。[1]

但是,重点是,属于政治性的宣言永远同时既是辩论,也是另一个世界的序曲,而使此**论证**被接受,并且有其影响力——关于这个世界本身存在的辩论。此处便是普世性问题开始出现之时刻,甚至在利益是否可能被普世化,以及所谓正常情况之下的论证形式被验证等问题之前。关于普世性的第一个要

---

[1] 哈贝马斯,《现代性的哲学论述》,前引书,第241页及其后(这些段落特别致力于批评德里达式的解构主义)。

求，便是言说者无例外地都属于这个语言共同体，普世性永远在"非常态"的沟通情况中被处理，也就是引发各种事件的情况。这些争议性情况的起因，在于对话当事人一方拒绝认知此情况中的要素之一（地点、对象、主体）。普世性在此处总是以独特的方式出现，其存在与相关性以不同的案例形式成为争议，总是在地性而充满争议，同时具有强制性又不具有强制性。此外，首先必须认知并使人认知此情况提出的普世性是具有强制性的。此认知不容许任何论证上的理性秩序与诗学秩序（即使不是非理性）之间的分裂，所谓评论与暗喻的区别：这是透过既是理性论证也是"诗学"暗喻的语言行为所产出的。

我们必须参照柏拉图的说法，"毫不回避地"指出：任何有效果的社会对话形式，同时必然是此情境的论证，也是关于此情境的暗喻。论证中带有暗喻，或是暗喻中带有论证，这种情况并不像通常所想象的那样会带来严重的后果。这种论证与暗喻之间的相通，不是连篇累牍的现代性发现之一。现代性否定社会冲突之普世性，认为这些是大叙事的人为产物。但是，论证中串联两个意念，或是在暗喻的一件事中揭露另一件事，这两种情况总是并存的，只不过这种共通状态会根据不同的理性领域及对话情境而表现得较强或较弱。在某一些领域中，这种并存状态会被降低到相当稀薄：这是在假设理解不会构成任何问题，或假设人人都有一致的理解，或是人人都可以理解别人所说的话，甚至理解一致与否其实并不重要，那么，这些共通的状态便不存在。上述第一个例子是指不涉及自身之外的象征语言；第二个例子是指可以随意涉及任何事物之闲谈。另一方面，在某一些领域中，这种共通状态会达到极致：这是在理解协议的预设处于争议之中，而在提出论证的同时必须同时提供其可被理解的情境、被讨论的对象，以及呈现这些对象的世界。

政治性对话便是此类领域最典型的例子。由于**话语及其理性依据**和**感知**所处的环节，所谓的感受性的分配共享，意味着**宣示**的逻辑必然也是一种**宣示**的美学。政治并不是最近才不幸地被美学化或奇观化。镶嵌于言说者话语中的美学结构，与铭刻于治安秩序之中的政治，往往同样是争议的关键。这说明了将"美学"等同于可以改变对话逻辑而"自我指涉"的领域是完全错误的。相反，"美学"是使得脱离于表达的不同体制得以沟通的原因。另一方面而言，现代历史中不同政治形式的确被连结到感受性分享，以及感受性论述**美学**的改变。美学以自主性话语的现代面貌出现，决定了感受的自主性切割。这种出现是对脱离于功能判断，并且定义了一种虚拟共同体的感受性之重视——被要求出现的共同体，此共同体重叠于凡事都有其用途的秩序世界。这个宫殿与住居之便利与否无关，也与功能之特权或是最高权位的象征无关，却是个被高度重视的对象。这正是被康德凸显出来的所谓美学共同体（communauté esthétique），以及其自身所要求的普世性。① 因此，自主化的美学意味着首先是再现规范的解放，其次，感受共同体类型的建构是运作于一个假定的世界，一个"**仿佛**"的世界，包含那些不被纳入于感受存有模式而被删除了的组成分子与各部分，并且使其得以被看见。

---

①康德，《判断力批判》(*Critique de la faculté de juger*)，Vrin, 1979: 50.

因此，并没有属于现代的政治"美学化"，因为原则上政治就是美学的。但是，在**话语**秩序与感受性分享之间作为新的结合点之美学自主化，则是政治的现代配置的一部分。古代政治运作于模糊的意见概念，它表现在共同体让人民以主体的位置出现的决定。古代政治所操作的，是关于**意见**的不明确的概念，以便将人民设置于共同体中**决断**主体位置的**表象**；现代政治则首先操作于在命令与职能分配之上有关虚拟或是应有的感受共同体的明确概念。古代政治取决于**平民**以及其不属己之属性的唯一观念，而因此打开了作为争议空间的公共空间；现代政治则取决于主体化操作的多样性，这些操作创造了共同体的世界以及分歧的世界。现代政治关注那些每一次都同时是论证也是世界序曲的展示与部署。打开共同世界的序曲，并不意味着双方有一致同意的世界，此世界中进行辩论的主体被计算为一个辩论家。这个主体总是"**多于一**"（un-en-plus）。在我们的宣言中写下"我们了解他们"的主体，并不是工人的集合，不是一个集合体，而是一个过剩的主体（sujet excédentaire）。定义这个超额主体的方式，是**宣示**了解时同时**展现**其差异结构的整套操作，一个相同与不同之关系结构。现代政治透过复制共同/争议的世界而存在，这些世界可以被约减为社会活动与秩序的表面。现代政治透过复制程序所授权的主体而存在，这些主体的计算总是超出的。古代政治坚持关于**平民**既是部分又是全体的错误计算，以及同时专属于**平民**又属于每一个人的自由；现代政治坚持以争议的主体化部署，以便将不被计算者之计算扣连到每一个属于声明内容之主体与其自身之差距。不仅是"我们市民""我们工人"或"我们女人"这一系列的模式所指认的市民、工人或女人无法与任何集体或社会团体同一，就连作为打开此系列的发言主体之"我们"与被声明的主体之间的关系（市民、工人、女人、无产者），都被关系整体与此宣示序列之操作所定义。既不是所谓的"**我们**"或其所指定的身份，也不是此二者的并列能够定义此主体。主体，或者更应该说是政治性的主体化模式，只有在这一套关系中才会出现，而在此关系整体中，**我们**以及其**名称**维持这一套"人称"的集合，这是在宣示与被定义的共同或是分离世界中的不同身份与异质性的整套演出。

毫无疑问，当主体的名字与任何可辨识的社会群体本身截然不同时，此种展示运作得最为清楚。当东欧的反对分子接受了"小流氓"（houligans）之称谓，而被这些政体领袖污名化；当巴黎的六八学运示威分子无视于警方举证，而断言"我们都是德国犹太人"的时候，他们揭露了政治主体化与任何身份认同之间的差距。政治主体化是被合逻辑的发言与美学展现之间的连结点所定义。政治的对话性带有文学式的异质性，作者所使用而又向作者掷回的神秘语汇，以及其中所玩弄的第一人称与第三人称，正好与通常所谓的第一人称与第二人称之间的理想对话情境无关。政治性的发明同时操作于论证与诗学的行动，以及在必要时刻不断开启世界的力量，而这些共同的行动便是共同体的行动。这就是为什么"诗学"并不与论证对立。这也是为什么所谓争议性美学世界的创造，并不是在现存语言中重新处理困难问题的单纯语言创造。在《偶然、反讽与团结——一个实用主义者的政治想象》（*Contingence, Ironie et Solidarité*）中，理查德·罗蒂（Richard Rorty）区分了对于讨论内容多少可以达成共识的一般沟通情境，与讨论的主旨和条件都仍在争议中的特殊情境。①这种情境包括了诗意的时刻,创造者形塑了新语言,可以让共同经验以不同方式被重新描述,或者创造新暗喻,而让后人可以进入共同语言工具以及具有共识理性的场域。根据罗蒂的说法,我们可以在诗学暗喻与自由主义的共识之间,建立一种和谐:一种不具有排除性的共识,因为这是古老暗喻及古老诗意反讽介入的沉淀物。但是,排除性的共识并不只在例外的时刻或是专家的反讽口吻中才会被解消。当共同体的独特世界被开启之时,一个带有歧义及感情冲突的世界,排除性的共识也会被解消。任何时刻当有能力辩论并且制造暗喻的共同体出现——任何时间以及透过任何人而出现,政治都会发生。

---

①理查德·罗蒂,《偶然、反讽与团结》,Armand Colin, 1992.

第四章
从"元政治"到"后设政治"
De l'archi-politique à la méta-politique

现在，我们便有可能确定"政治哲学"这个词汇所隐含的哲学与政治的关系了。"政治哲学"这个词既不是指某种哲学的类型、领域或项目，也不是指政治对其"内在理性"的反省。它是一种遭遇（一种争论性的遭遇）的名称，而此遭遇正是政治哲学缺乏固有根基的这个吊诡或政治丑闻显现之所在。只有在共同体里某个部分扰乱关于部分之计算的空自由中，实现任何人与所有人的平等时，政治才会存在。作为政治之非政治条件的平等，在此并不会如其所是地显现。它只会以一种错误的形象出现。政治总是被从自由之中折射出来的平等所扭转，从来就不纯粹，也从未建立在某种专属共同体或法律的本质之上。唯有当共同体与法律借着纳入法律的平等（雅典的**法律平等**〔isonomie〕不是法律之前"人人平等"这么简单，而是意味着法律的目的便在于展现平等），以及等同于整体的部分出现时，政治才会发生。

"政治哲学"起源于此一丑闻的展示。这种展示乃是借由观念来进行的，而观念被视为与政治之无根据状态迥然不同。那也就是苏格拉底用以表示自己与民主城邦中的其他人不同之处的口号：要真正地从事政治，从事真理中的政治，以一种可以引发政治本质的方式参与政治。这个口号预设了某种指认与诊断，而此处的指认，指的是政治事实总是先行于所有共同体原则。从一开始，相对于政治，哲学总是"来得太迟"。只不过对哲学而言，此一"延迟"却是民主的错误。政治早已以一种民主的形式在位了，无须等待其原则或**开端**、无须等待原则实现了之后才得以发生的适当开端。**人民**（démos）早就已经在那儿了，并且具备了三项特征：构成了一个让人民的名义得以表象的领域；对于同时是整体与组成部分的人民的不平等计算；借着共同体中的一个组成部分来进行争议的吊诡展现，而此一组成部分乃是以让自己成为对另外一方所犯下的错误之名，将自己等同于整体。"政治哲学"将对此先行事实的指认转化成为对于根本之恶的诊断。民主的先行（antécédence）成为其纯粹的事实性或实在性，也就是只受到善与恶、愉悦与痛苦之经验循环这唯一的规则（不规则），或者多数或少数这唯一的平等（不平等）所规约。就正义而言，民主其实仅仅提供了一个充满争议的剧本，提供了一种在不同的争议中动弹不得的正义与被不平等的算术计算所压制的平等。民主根本无法为政治提供任何适当的尺度。政治哲学的原初论述，可以简单地以两个公式概括：首先，平等不是民主；其次，正义不是错误的处置。

大致而言，这两个命题是正确的。平等不会在民主之中展现，正义也不会在错误中显现。政治总是在间距上运作，而这个间距使平等仅能由错误的形象组成。政治在治安逻辑与平等逻辑的遭遇之处运作。问题的关键在于理解如何诠释这个间距。然而，由于柏拉图的缘故，哲学争议却使这个间距变成了一种根本假相的符号。柏拉图宣称所有不是自身基础原则之展现的政治或不是共同体原则之体现的政治，便不是政治。于是，"真理中的政治"诞生了，不但与**人民**（démos）的**统治**（krateïn）对立，而且以一种**非此即彼**、一种在神圣的与会腐朽的这两种类型间取舍的纯粹逻辑,取代了特属于政治的扭转。因此,正义的和谐便对立于被简化成心灵扭曲的律师们好事兴讼的错误;作为赋予城邦灵魂之宇宙比例的几何平等,则对立于被化约为算术平等,亦即多数人或少数人的统治的民主平等。面对平等与不平等之间不可思议的政治连结,政治哲学的方案(或者,哲学家们的政治)被当成政治真实本质的实现,而民主只不过制造了表象。政治哲学也被视为对此不当的消除,亦即,消除民主政治在城邦的中心所建立部署的共同体与其自身之间的距离。该解决方案,一言以蔽之,便是透过取消构成政治的共同体与其自身之间的差异来实现政治的本质;透过取消政治来实现政治,透过哲学的实现"取代"政治来实现政治。

但是在政治的实现中取消政治,以一个关于共同体及依附于其本质的善的真实观念,取代了在错误中的平等扭转,首先便意味着取消政治与治安之间的差异。哲学家的政治原则便是将作为行动的政治原则等同于治安原则,而后者乃是决定用以定义个别份额与组成部分的感知分配的原则。此种政治概念的开启,肇始于柏拉图将**政体**(politeia)① 这个观念一分为二。柏拉图理解这个观念的方式,不是将之视为可以区分成各种不同

---

① "politeiai"(πολιτεία)并无直接对应的单一中文译语,目前常见的是以"理想国""国家"(作为柏拉图该对话录的篇名),也有翻译成"政体""宪政""政制",等等。在本文中,由于朗西埃强调"politeia"与"politeiai"之间的区分,亦即,单一与复数的区分在柏拉图思想中的重要性,因此当朗西埃在同一个句子中并列这两个字,或试图强调此一差异时,便以"单一政体"与"复数政体"翻译之,其他地方则视情况将仅"politeia"译为"政体"或"共和政体""理想国"。——译注

类型的政府体制,例如,民主、寡头与专制,而是以一种不同于体制更替的方式来加以理解。一方面,有所谓的**单一政体**,另一方面则有**复合政体**(politeiai),也就是与城邦中各个部分之间的冲突,以及某一组成部分对另一组成部分的宰制等纠缠不清的各种复合政体。《法律篇》的第八卷指出,邪恶存在于**复合政体**之中,而不在**单一政体**之中。所有的邪恶都只存在于充满内讧与不和谐的政府之中。① 柏拉图的**单一政体**是共同体天生内在的体制,而与**复合政体**的恶性循环相对立。**单一政体**与**复合政体**之间的对立,便如同共同体的**一**(l'Un)与错误混杂的多之间的对立。即使是亚里士多德的"现实主义"也认为**单一政体**是一种共同体的完善状态,而民主则是一种偏离的形态。这是因为**单一政体**是一种奠基于本质之上的共同体体制,而所有的共同在其中的展现都将依据着同一个原则。现下那些将完善的政体与遭受争议的民主对立起来的人们,或多或少都是有意识地成为此一原初区分的继承者。柏拉图所发明的**理想国**或**政体**(la république ou la politeia)是一种在**同一的体制**(régime du Même)中运作的共同体,在其社会中不同部分的所有活动都一致地表达着共同体的原则与**目的**。**政体**首先是一种体制、一种生活方式、一种政治的模式,就像某个有机体的生命,受到其**自身**法则的规约,据其速度呼吸,并且以符合其功能与目的的生命原则,管理着各个组成部分。柏拉图所打造的**政体**,是一个在所有的生活表现中实现其内在原则的共同体。这会让错误变得不可能

---

① 参考《法律篇》(*Lois*),Ⅷ,832b/c,可以与《理想国》,Ⅳ,445c 比较。

存在。简单地说,哲学家的**政体**便是政治与治安的完全等同。

此一等同具有两个层面:一方面,哲学家的政治将政治等同与治安,政治被放在分配份额与角色的"一"的体制(régime de l'Un)中,透过法律与生命形式的彼此同化,将共同体并入活生生的身体的呼吸法则中。但是此一合并并不意味着将政治哲学完完全全等同于治安的本性。政治哲学的存在,乃是因为此种本性的失落,或者时光之神克罗诺思(Chronos)的年代消逝无踪。况且,无论如何,它所广为宣传的至福,也仅止于赞扬呆板单调存在的昏愚。政治哲学或哲学家的政治之所以存在,乃是因为区分的存在、因为民主提出了一种特定的不可共量的吊诡,亦即,无分者之分,作为哲学必须解决的问题。**法律平等**已经达成了这项任务,也就是说,特属于政治的法是建立在平等之上,而此平等反对任何主张宰制的自然法则。**政体**的目的,不在于重建那已然逝去的时光,而是为了解决受到民主用来刺激哲学的逻辑问题,亦即,解决无分者之分的问题。将政治等同于治安,也可能意味着将治安等同于政治,使其模仿政治。为了模仿善的观念,**政体**模仿了一种"恶"的政治,而对其而言,此一模仿就是取代。"政治哲学"或至少那些可以配得上此一名称、此一特定吊诡之名的哲学,或者借由以一个同等的功能代替,或者借由创造一个拟象,并透过在其否定之中操作政治的模仿,来为无分者之分的吊诡提供出路。在此等同的双重面向上确定了三大政治哲学形象,其所涉及的乃是哲学与政治的冲突,以及"政治之实现 – 消除",最后也可能是哲学本身的"实现 – 消除"的吊诡。我将这三大形象分别称为:**元政治**(archi-politique)、**类政治**(para-politique)与**后设政治**

(méta-politique)。

元政治的模型是由柏拉图所提供的，其在各个基本的层面上都显示了其作为共同体的计划，乃是建立在共同体原则的完整实现与全盘了解的**基础**之上，并且完全取代了政治的民主形态。所谓完全取代了这个形态的意思，指的是为无分者这个组成部分的吊诡提供合乎逻辑的解决方案。此一方案不仅包括了比例原则，也包括了反比例原则。《理想国》第三卷中关于三种阶层与三种金属的奠基叙事，不仅建立了城邦中头部治理胃部的阶层秩序，也建立起了一种城邦。在此城邦中，优越性，亦即，最优秀的人对较差的人所进行的统治，并不意味着任何宰制关系，或者任何政治意义上的"**支配**"。若要如此，最优秀的人**统治**必须借由对于份额的相反分配才能实现。因此，灵魂中拥有金质的行政官，不能拥有任何真正的黄金，这意味着它们的财产只能是公有财产。他们的"名分"（titre）是共同体必须仿效的关于天体间友谊的知识。对他们而言恰如其分的份额，则只能是对于整个共同体而言的公共。相应于此，工匠的共通之处则在于他们只能拥有他们被分配到的份额：只有他们才能拥有的房屋与黄金，是他们在共同体中的独特参与所需要的货币。工匠们只有在不以任何形式介入共同体的情况下，才得以参与共同体。由于他们受到自然的指定而制作物品（制鞋、造房或任何其他的手工），或者毋宁说，正是由于他们只从事具此功能的工作，且没有从事此一工作之外的时间与空间，才得以成为共同体的成员。当然，受到这个排他性法则的压抑且被表现为各种行业实践之恰如其分的特质，便是民主在城邦的中心所勾勒出来让自由得以运作、让作为无分者的**人民**（démos）的力量得以运作的共同空间。而致力于此一实践的,正是这种没有时间的人的吊诡时间。《理想国》开头明显的经验性,以及各种需求与角色功能的计算,便是民主吊诡的最初解决方案。在此方案中,**人民**(démos)被打散成不同的部分,而让共同体可以依据角色功能进行重建。关于个体从群居之始便会追求共同的需求,并且彼此交换服务(对此,哲学及其代理者在不同的时代有各种不同的天真与精密的版本)的教化故事,一开始便完美地执行了将**人民**、人民的自由及其实现自由的时间与空间自城邦中排除出去的任务。在以法律教化城邦之前,在进行重建与公民教育之前,**政体**所树立的生活方式大致已经出现在必须管好自己分内工作的四名工人的故事中了。① 管好自己事情的德性,被称为**安分守己**(sophrosunè),而我们将就地将它翻译为节制(tempérance)或适度(modération),不过,这两个译语遮掩了这个属于较低阶级的"德性"在欲望控制的苍白形象之后所表达出来的严格逻辑关系。**安分守己**便是对于**人民**(démos)"自由"的严正回应。自由是人民所独有的吊诡**价值**(axia),人民(démos)归属"自身"的共同资格。同样,被界定为工匠德性的**安分守己**,其实就是共同的德性。但是此一特殊与共同之间的相似性,以一种和**人民**的"自由"相反的方式运作着。它绝不属于只拥有此一德性的人。它其实就是较差的人被最优秀的人所统治。那些属于民众的特殊与共同之德性,其实只是屈从于他们仅能如其所是,仅能从事他们所从事之事

---

① 参考《理想国》,Ⅱ,369c – 370c。我在《哲学家及其穷人》(*Le Philosophe et ses pauvres*,Fayard,1983)中有更进一步的评论。

的法则。工匠的**安分守己**就是他们的"没时间"。那是他们在城邦的内部中作为一种彻底外部性的生活方式。

因此,政体的秩序预设了没有任何空隙,预设了共同体时间与空间的完全饱和。法治也就意味着与法律存在模式同质之物——其乃政治之所在——的消失。而此同质之物,便是书写的外部性。政体是一种共同体,在其中,**规范**(nomos)① 同时作为活生生的**话语**、共同体及其个别成员的**习性**(道德、存在方式、特性)、工人的职业、在每个人脑中回响的声音与自然地驱动着身体的运动,以及自动地将心灵转向某种行为与思想运转的灵魂**滋长**(trophè)等而存在。政体是一套运转的体系。不同于某些正直之士所希望的,哲学家的政治并非始于法律,而是始于法律的精神。法律首先是用来表现共同体的存在方式、性情与环境气候一事,并非启蒙年代求知精神的发现。或者说,如果孟德斯鸠真的以他自己的方式发现了这个精神,那也是因为在政治法律的原初哲学界定中,该精神便已经被连结到法律了。规范的平等首先便是性情的平等。在善的城邦之中,**宇宙的秩序**,亦即掌管天体运动的几何秩序,以有机体的性情来展现自身。公民们在其中不是依据法律而是依据法律的精神赋予法律生命的气息而行动。那是一种借由历史赢得公民的心,而非借由法律限制公民的城邦。在里面,制定法律的立法者可以

---

① nomos 这个字具有丰富的意涵,可以包括法律、习惯、规则、秩序、取用、命名、分配、生产、城邦的藩篱等不同的意义。在此朗西埃使用 nomos 显然超越狭义的法律的意义,而更着重柏拉图对于城邦生活所进行的各种本质性、规范性的安排。——译注

将公民所需的劝诫,以及"他所抱持的关于什么是美好的、什么是丑陋的意见"① 写入法律之中。那是一种立法完全被教育所占领的城邦。而此教育远远超过了学校教师们的教导,随时随地提供人们理解所见所闻的方式。元政治以**规范**作为**自然**(phusis)的完整实现、共同体法律之完全且具体的发展。在此共同体的构造之中,没有闲余的时间,也没有多余的空间。

所以,此种元政治全然只是一种赋予存在方式、行为方式、感受与思考方式的元治安。但是如果我们将之与哲学家的乌托邦或封闭城邦的幻想混为一谈,我们就会化约了元政治或元治安的格局,并且误解其所留下来的遗产。柏拉图所发明的,是一个更为广泛持久的东西,也就是,政体与民主之间的对立。柏拉图以政体取代了民主错误与分裂的体制,取代了在组成部分的冲突中用来衡量无分者之分是否具有有效性的法律之外部性。政体因此不是建立在作为一种普遍性的法律之上,而毋宁是建立在持续地将法律翻译成精神的教育之上。柏拉图发明了一种共同体的内在体制,而法律在其中乃是各种**习性**之间的和谐,亦即,个人的**特征**与集体的**道德**之间的协调。他发明了一种配合共同体关系之内化的科学,也就是那些关注个人与集体灵魂而被称为心理学或社会学的现代科学。柏拉图的元政治所阐述之"政体"的计划,是针对政治部署之整合性的心理学化与社会学化。**政体**借由被整体中的单一灵魂所活化之身体在共同体中的角色、习性、感觉,亦即透过共同体中的职业分配、不同伦理倾向的整合以及寓言与老生常谈的结合,等等,取代

---

① 参考《法律篇》,Ⅶ,823a.

了政治主体化的扰人元素。

因此，仔细地观察政体的观念、教育计划和关于个体与集体灵魂的科学发明如何一起作为元政治的部署元素便十分重要。今天人们所宣称的政治哲学的"复辟"，乃是针对社会科学对于政治领域与政治哲学特性之不当入侵的反弹。政体及其普遍主义式教育的理想，一厢情愿地认为自己与从属于某种精神教育和社会教育之寄生式命令的学校教育不同，并认为后者与民主的个人主义和社会主义集权主义共同积习息息相关。但是这些争论大都忽略了以下的事实：正是"政治哲学"发明了"人文与社会"科学，并使之成为共同体的科学。**教育**在共和政体中的核心地位，也意味着在整个知识分配中个人性格与集体道德的重要性。朱尔·费里（Jules Ferry）的共和政体，一个公民普遍主义的失乐园，便是诞生自人文与社会科学的阴影之中，而其本身便是元政治计划的遗产。学校体系与共和政体并非在晚近才遭受心理学与社会学腐蚀。它们仅仅改变了社会学与心理学，改变了在知识分配中教导个体与集体灵魂的方法，并重新分配教学权威关系；它们改变了知识的无政府式民主流通，以及人格与道德之间和谐的共和主义式形塑。但是，它们并没有放弃普遍而就特殊，而只是以一种不一样的方式结合了民主独一化的（具争论性的）普遍与共和体特殊化的（伦理性的）普遍。哲学与共和对于社会学帝国主义的谴责，与社会学谴责哲学或共和诋毁了社会与文化再生产的法则一样，都忘记了元政治在立基于宇宙比例上的共同体，以及关注个体和集体灵魂的科学工作之间所建立的原初连结。

柏拉图所设想的元政治可以总结成**自然**在**规范**中的完整实

现。这预设了排除某些政治的论争性部署元素,并且以共同体法律的各种感化形式取而代之。以同样的空的德性(工匠的**自知之明**)取代另外一个空的身份(人民的**自由**),便是此一过程的核心关键。作为一种特定活动的政治被完全排除,而此一排除被视为政治的成熟。然而,由亚里士多德奠定原则的**类政治**则拒绝付出此种代价。虽然与其他所有的"政治哲学"一样,它终究还是倾向于将政治活动等同于治安秩序,但是它是从政治独特性的观点出发来进行上述的等同化。政治的独特性便是中断,也就是作为人民争议性"自由"之平等所产生的效果。那是在被召唤到共同体的**法**之中实现自我之自然的原初分裂。因为平等出现,并且执行了政治"**自然**"的原初分裂——而这其实也是我们之所以能够想象政治的"自然"条件——才有了政治。在《政治学》第二卷的开头,亚里士多德便处理了此一分裂、此一共同体**目**的屈从于平等的事实,并借此厘清与他的老师柏拉图在思想上的异同。亚里士多德认为,毋庸置疑,如果由最具德性者来统治城邦,并且永久持续地统治,的确是比较好。但是这种事物的自然秩序在"人皆生而平等"①的城邦中并不可能。针对为什么此种平等是自然的,以及为什么此种平等在雅典而非拉西迪莫尼亚(Lacédémone)中是自然的等诸如此类的问题提出质疑,并不具有任何意义,因为存在的事实本身便足以说明一切。在这样的城邦中,不论其**好坏**,**正义**便是所有的人都可以参与统治,且此一平等参与会在一种特定的"模仿",亦即统治者与被统治者位置的轮流更替中展现。

---

①参考《政治学》,Ⅱ,1261b 1.

一切皆系于特属于政治的善，也就是正义，与其他形式的善之间的区别。政治的善始于瓦解所谓的善便是最优秀者统治较差者这个主张中的套套逻辑。一旦平等存在并且以人民之自由的形象显现，**正义**便无法被等同于**善**及其套套逻辑的展示。优秀者的德性，亦即支配，并非属于政治的德性。政治只会因为平等者的存在而存在，而且规则也是在平等者之间运作的。问题不仅在于"接受"**人民**（démos）之可疑自由的野蛮显现，因为这个野蛮显现本身便是政治的显现，并且会将特属于政治的**原则**与其他形式的统治区分开来。所有其他的形式都是由最优秀者统治较劣者。改变此种优越的类型，一如苏格拉底提供给色拉叙马霍斯（Thrasymaque）的建议，基本上并无用处。倘若政治要能够具备任何的意义，那么它必然只会奠定在一种极为特定的能力上，而此一能力在**人民**（démos）存在之前是难以想象的。此种德性无法被化约为借由训练人民（démos）服从来进行统治的古老政治德性。柏拉图给予了此种服从的学习相当大的空间，但是，服从仍然不具可交替性，亦即，交替位置的政治能力。因此，柏拉图的城邦不具有政治性。而不具政治性的城邦便称不上是一个城邦。柏拉图创造了一只将家务管理的方式加诸于城邦的怪物。柏拉图之所以需要消灭家庭以达成这个目标，乃是基于一个完美的逻辑吊诡：消灭彼此之间的差异，意味着同时消灭两者。唯有具政治性的城邦才是城邦，而政治源自于平等的偶然性。

类政治的问题则是在于调解以下两种自然及彼此之间对立的逻辑：一者认为最大的善乃在于由最优秀的人进行统治；另一者则从平等的角度出发，主张最大的善便是平等。无论我们

第四章 从"元政治"到"后设政治" 99

怎么看待古代人及其共善的城邦，亚里士多德皆断然地与此种共善分道扬镳，并开创了一套崭新的"政治哲学"。至于这套新的政治哲学被视为政治哲学的典型，以及亚里士多德总是成为所有"复辟者"的终极归属一事，其实不难理解。事实上，亚里士多德提出了一个可以轻易体现蕴含其中的矛盾的极端迷人形象。正是亚里士多德做到了一件不可能的事。亚里士多德主张，即使**人民**会形成阻碍（这可能展现为"富人"与"穷人"之间的战争形式，甚至可能是平等主义的"无-原则"[l'an-archie]效应），也要借着将**人民**包含进来，而在宪政秩序中实现自然秩序。亚里士多德同时也做到了将此一精心杰作呈现为政治动物原初界定的完美逻辑结果。一如柏拉图迅速地实现了元政治，亚里士多德则迅速地达成了这个忠于"政治哲学"体制运作的类政治的**目的**：将政治争议的行动者与形式转化成治安部署分配的部分与形式。

因此，与其说类政治以一种秩序取代了另一种秩序，毋宁说它将两者重叠，而使得让政治的特殊性得以出现的**人民**（démos）变成了争夺占领"发号施令位置"的政治冲突，变成了争夺城邦**权力**的当事人。这便是亚里士多德之所以将"政治哲学"与一个事后看来极其自然的中心绑在一起的原因。此一中心便是**权力**（arkhaï）的制度部署与其中所展现的统治关系的中心。现代人将之称为"权力"，亚里士多德却没有与之对应的名词，而仅有形容词，"**有权力的**"（kurion），一个具支配性的部分，借由统治他人来赋予共同体支配的特征与风格。类政治首先将政治思想集中于**权力**分配的位置与模式，而体制则借此以某种**有权力者**的运作来界定自身。此一集中对很自然地将政治议题视为权力议题、正当化权力的原则、权力分配的形式与特属于它的人格类型的现代性而言，意义似乎极为明显。但是，能够认识到这是一种面对政治所特有的吊诡，一种面对分配配额的治安逻辑与无分者之分的政治逻辑之间冲突的独特回应，仍然极为重要。亚里士多德将此平等的效应与社会身体的不平等逻辑之间的独特连结，亦即政治（la politique）的特性，转变成一种作为制度之特定场所的政制（le politique）①。如此一来，两种逻辑之间的冲突变成了争夺占领**权力**与成为城邦中**有权者的两造**。一言以蔽之，政治理论吊诡，亦即，不可共量者之间的遭遇，变成了统治的实践吊诡。这当然是一个棘手的问题，不过，严格地说，倒也可以将之形塑为一种同质既与者之间的关系：城邦的政府，亦即，领导与维系城邦的机构，总是由众多的"组成部分"中的一个部分或众多派系中的一个派系组成政府，透过将法律施加于其他派系，加诸城邦一部区分的法律。问题因此在于：如何让城邦可以被某种特定的"政府"所保存，而其逻辑，无论如何，都是对于另外一群人的宰制，而这另外一群人的作用则是维持瓦解城邦的异议？众所周知，亚里士多德的解决方案，是将这个问题翻转过来。既然所有的政府，依据其自然法则，必然会创造出颠覆自身的叛乱，每一个政府都应该违反自己的法律。或者，应该发现自身真正的法律，亦即，所有政府之间共通的法律：此一法律促使城邦可以继续维持，并且为了达成此一目标，运用所有可以确保政府及其治理之城邦安全的手段。专制所特有的倾向，便是只为专制君主的利益

---

① 关于"le politique"与"la politique"的区分，请参阅后记。——译注

与享乐服务，不但造成了寡头与群众结合的暴动，也引发了导致专制灭亡的失衡。因此，唯一能够保持专制的手段，便是让专制君主遵守法治，并且提升人民的物质条件与贵族（gens de bien）的权力参与。寡头往往信誓旦旦地要以各种方式阻挠人民，而且也真的招致了足以摧毁其权力的人民。相反，倘若他们时时刻刻投身于为人民服务，其权力便会获得支持。寡头们的确应该这么做，或者，至少应该看起来如此，因为政治是一个美学的问题，一件与表象有关的事情。一个好的体制便是对寡头而言具有寡头统治的表象，对**人民**而言具有民主的表象。因此富人与穷人涉入了同一个"政治"。我们不会在既不富有也不贫穷的人之间发现政治，也不会在其中看见中产阶级。这不仅仅是因为城邦的有限架构让中产阶级没有发展的空间，更是因为政治仅与富人和穷人有关。社会因此将持续地作为一种被治安化的政治乌托邦，同时，透过一些权力重新分配与权力表象的花招，每个**政体**，每个——恶的——政府形式，都会朝向其同音异义字，**宪政体制**（la politeia），亦即，法治政府靠近。至少在经历民主之后，为了使法律能够统治，每一个为了自我保存的体制都必须在这作为理想分配体制的中庸体制中自我废除。

依据这个新的形象，哲学家，一如贤者、艺术家、立法者与改革者，将民主（即人民［démos］的表象、对人民的不平等计算，以及与人民有关的基础性争议）的配置重新安排为一种在权力与其可见性模式的分配中，实现共同体**目的**之良善政府的理性形式。透过独特的**模拟**，**人民**（démos）和人民的误算——政治的先决条件——被纳入了共同体自然**目的**的实现之中。但是此一结合唯有在让人民不在场的情况下才能完美实现。

这便是《政治学》第四卷与第六卷所提出的著名的民主类型顺序。最好的民主是农民民主,因为,正是在此,**人民**(démos)消失得无影无踪。农民身处遥远耕地的离散状态与其劳动的限制,让他们无法占据**他们的**权力位置。他们也许具有主权者的名号,但他们将其具体的运作留给了贵族。亚里士多德说,因此法律是靠着资源的匮乏而进行统治①:缺乏钱、缺乏可以参加聚会的时间,也缺乏让**人民**(démos)可以成为一种政治主体化之有效模式的手段。于是,共同体包含了**人民**(démos),却不会受其争议所苦。**政体**也因此可以作为一个将身体分配到让彼此保持分离状态的疆域中来实现自身,而将政治的核心空间保留给"最优秀者"。一种人民与其自身的差异,模拟并取消了另一种。空间化,即完善构成之**人民**(démos)与自身的差异,借由模拟的方式改变了民主人民与其自身的差异。此一修正过的民主乌托邦、空间化的政治乌托邦,至今绵延不息:托克维尔(Tocqueville)的"良善"民主,一个有广袤无人空间的美国,即是一种回响。而我们的政治人物所设想的欧洲,即使规模再小,亦是如此。如果将柏拉图的元政治移植到当代,试图矫正民主之混乱,并赋予其具有连贯性之共和体社会关系与共同信仰的社会学中,那么类政治则往往自愿地将自身转化成为另外

---

① 亚里士多德,《政治学》,Ⅳ,1292b 37 - 38. 更详细的分析请参阅朗西埃,《政治的边缘》(*Aux bords du politique*),Osiris,1990;La Fabrique,1998 年再版.(此书的英文翻译为:*On The Shore of Politics*,tran. Liz Heron,London:Verso,1995;简体中译版为雅克·朗西埃著,姜宇辉译,《政治的边缘》,上海:上海译文出版社,2007.——译注)

一种"社会学",亦即呈现自我分裂的民主,并将阻止人民成形的分散状态视为一种美德的社会学。倘若柏拉图的"政治哲学"及其后继者,提倡以一种由共同体功能的灵魂赋予生命的社会体,来取代**人民**的争议表象,那么,亚里士多德的政治哲学及其承继者,则提倡借由精确地**模拟**破坏善之实现的民主纷争来实现善。这意味着社会学化政治的终极乌托邦完全翻转成为其对立面,亦即政治的宁静终结。在此,"终结/目的"(fin)的双重意义,包括实现自身的**目的**与一种毁灭性的姿势,达到了完全的一致。

但是,在"政治哲学"转变成"社会科学"之前,一种现代的形式接手了类政治的事业,也就是"主权"与"契约"。正是霍布斯制定了这个方案,并以之作为对古代"政治哲学"的批判。对霍布斯而言,古代政治哲学的乌托邦性格,便在于其宣称人类天生就是具有政治性(politicité)的存在。这样的政治性是反叛的,因为它以该原初政治性的准则为尺度,认为原初的事物可以用来评断一个体制是符合此政治性,并评断它是不是一个好的政府、能否实现此一原初的政治性。事实上,霍布斯是最早认识到政治与政治哲学之间独特关联的人之一。政治哲学借由回避政治而制定的无争议共同体的统治概念,持续地被政治挪用来制造新的争议。因此,亚里士多德便依据为所有人服务或仅为统治集团服务的标准,区分良好的体制与腐败的体制。专制者与君王的差异不在于其权力的形式,而是在于其结果。借由改变专制者的手段,专制者表现得"仿佛"(comme si)他已经改变了目的。① 他将自己的专制转变成一种准贵

---

① 参考亚里士多德,《政治学》,V,1314a-1315b。

族制，并以之作为同时为自己的利益与共同体的利益服务的手段。两个用语之间的差距，只是用来说明不同的事物有可能转变成为同样的事物：一位好的专制者仿佛一位君王，如何称谓并不重要。然而，霍布斯所面对的则是一个与之相反的关系："专制者"这个名称是一个空名，可以让任何旧时代的传教者、官员或识字阶层，用来挑战王室的目的及其权力运作是否一致，并且断定专制者是一个不好的君主。一位不好的君主便是专制者。而专制者乃是伪君主，是以不正当的方式占有这个位置的人，也因此人人得而诛之或驱逐之。同样，亚里士多德以强调主权人民之名与贵族权力之实两者间的落差，保留了人民这个名称。在此，事情又一次被翻转过来，人民的空名成为判断君主体制及其本质间差距的主观力量，并借由重新打开争议而让此判断得以生效。问题因此是在于消除展现体制与其标准之间差距的人民的浮动计算。霍布斯认为，真正具灾难性的恶，是"私人"① 一意孤行地决定何为正义、何为不义。但是，霍布斯所说的"私人"指的就是亚里士多德所说的那些在共同事物的治理之中的无分者。此处的关键正是构成政治之错误的结构，亦即，平等作为无分者之分的有效性，与作为争议主体的"组成部分"的界定。若要根除邪恶，并且免除遭受"关于权利与错误之庸俗错误众议的威胁"②，便得要否认某种人类动物天生的"政治性"。此一政治性让人们在生存之外尚被赋予了其他的善。我们必须确认的是政治性只是次要的；政治性不过是一种

---

① 霍布斯，《论公民》(*Le Citoyen*)，Flammarion, 1982: 69.
② 前引书，84.

保存了无限欲望的胜利感,而无限的欲望会把人放入所有人对抗所有人的状态之中。

此处的吊诡在于,为了驳斥亚里士多德,霍布斯所做的基本上便是转移亚里士多德的论理方式——生存的理性欲望大于民主人士、寡头与专制者所特有的激情。他将论理的层次从权力的"党派"(parties)转移到权力中的个人,且从关于政府的理论转变成关于权力源头的理论。此一双重转移创造了一个当代政治哲学所特别关注的对象,亦即,权力的源头,并且具有一个从一开始便消灭了无分者之分的特定目的。政治性因此仅能透过自始便将属于个人的自由完全地让渡出去而存在。自由无法作为无分者之分或任何政治主体的空属性而存在。它不是全有便是全无。它只能以作为纯粹社会个体的财产,或在彻底让渡的情况下作为主权者的主权这两种形式存在。

这同时也意味着主权不再是一个组成部分对于另外一个组成部分的支配。主权是组成部分及其活动所引发之后果——无分者之分的有效性——的彻底驳回。关于权力"起源"的问题与形塑此一问题意识的语汇,包括社会契约、让渡与主权的问题意识化所宣称的便是没有所谓的无分者之分,只有个人与国家的权力。任何一个组成部分若是让权利与错误成为风险,便违反了共同体的理念。卢梭曾指出霍布斯的论证极为肤浅。他认为霍布斯仅借由一些沙龙中的恶意诽谤与法庭中的情节来驳斥自然群居的本性,根本就是一种**本末倒置**。但是卢梭与其后的现代共和主义传统,却接受了这个肤浅论证的核心关键,也就是完全地排除亚里士多德理论中坚决地纳入而成为其否定的无分者之分。卢梭同意霍布斯式套套逻辑中的主权:主权存乎自身，在其之外，只有个人。所有政治赛局中的其他机构都只是派系。现代类政治的开端便是发明个体性这种特定的天性，并将之与必须阻止不同派系、不同组成部分的人之间争执的主权权力紧密地连结起来。类政治起始于将人民切割成为个人，并且一劳永逸地在每一个人与另外一个人的战争中，驱逐了构成政治的阶级战争。"**古代人**"的支持者将会幸灾乐祸地看到，以主体权利取代作为亚里士多德政治共同体基础的客观法治，所导致的现代政治灾难的起源。但是亚里士多德不认为"权利"是公民与政治社会的组织原则。他认为**正义**及其不同的形式才是。对亚里士多德而言，正义所采取的政治形式，乃是用来决定份额与共同体之间的关系。现代性不仅以"主体的"权利取代了客观的法治，而且发明了作为**政治**共同体的**哲学**原则的权利。此一发明和"起源"或"个人与整体之关系"的寓言一样，两者都是用来摆脱组成部分/派系所具有的争议。只不过，**权利**被"政治哲学"概念化来解决错误的问题是一回事，权利被政治用来作为面对错误的机制则是另一回事。毕竟，政治并非奠定在权利的基础上，而是奠定在错误的基础上。现代政治与古代政治之间的区别，便在于错误的不同结构。然而，我们必须进一步说明的是，处理错误的政治过程持续不断地从"政治哲学"那儿借取元素，来建立争议的新论辩与展现。正因如此，错误的现代形式在共同体计算组成部分的争议上，依附于将每个人与整体主权关联起来的争议。

而这正是吊诡所在之处：作为社会和平基础的起源神话，经年累月下来，将会挖凿出一个较之**古代**更为根本的争议裂口。拒绝将阶级斗争视为次要的逻辑或构成政治的次要天性，并且从一开始便建立起一个从自然权利过渡到自然法之间通道的自然分裂，其实便是承认了平等乃是政治的终极原则。所有人对抗所有人的战争寓言与其他的起源寓言一样愚昧，但是在这拙劣的死亡与救赎的故事背后，却有一件比较严肃的事情，那便是对于所有社会秩序终极秘密的宣告——任何一个人与每一个人之间的平等，换句话说，某个人对另外一个人进行支配的自然原则并不存在。社会秩序最终乃奠定在平等之上，但平等却也是社会秩序遭受毁灭的原因。如果"协议"不是全盘的让渡，或者也没有彻底回归"自由"这个平等之所以起作用之处，那么就没有任何"协议"可以改变这个"自然"的缺陷。因此，自始就应该将平等与自由视为同一件事情，并且同时取消两者。因为平等，所以彻底的让渡和主权的绝对性都是必要的，而这也意味着如果不是将平等**命名**为共同体秩序的基础与原初分歧，或者命名为不平等的唯一理由，便无法正当化让渡和主权。在此后宣称之平等的基础上部署了新的政治争议元素，让渡与不可让渡的理由便浮现成为新的阶级战争的论辩。

一方面，自由已经变成**个人**所特有的东西，而与霍布斯的立意相反的是，让渡的神话引发了如下的问题：是否，以及在什么样的情况下，个体会将其自由完全让渡出去？简言之，此一神话将使得个体的权利成为国家的非权利（non-droit）①，并

---

① 此处"个体的权利成为国家的非权利"指的是，个体基于维护自然权利而将自己的自由让渡出去，此乃政治社会建立的原始基础，亦是其必须维护与不得侵犯的原则，倘若违背了此一原则，便失去了成立国家的正当性。——译注

使任何人都有**资格**质疑国家、作为国家不忠于其自身原则的证人。另外一方面，为了能够使让渡的思考成为可能，理应在主权的套套逻辑中消失的人民，却成了一个必须要被预设的人物、成为主权的真正主体。卢梭对于格老秀斯（Grotius）的批判便是此一证明。那个必须被弭除的人民的"自由"，会在生而于"法律之中自由且平等"的人们之共同力量的实现中回返。这可以用来在根本错误的结构之中，为发生在"生而自由但无处不处于枷锁之中"的人们身上的错误进行论辩。亚里士多德已经认识了一个偶然的事实：在一些城邦中，穷人们"生而自由"，而此一"偶然的"天性也与政治的本质有关。但是起源神话在其最终的转变之中，将属于人民与不属于人民的自由的争议，绝对化为自由的原初矛盾，其中，每一个主体，也就是每一个人，一开始就是自由的拥有者，却也一开始就被剥夺了自由。因此，人成为拥有所有或一无所有者之间关系的主体本身；成为一个在存有生灭的世界与平等和自由的语词之间令人眩晕的短路。而**平等**，其哲学决定本是用来解消**正义**与争议之间的连结，却成为错误的新名称、经典的名称。从现在开始，在所有算入不被算入的展演背后，在所有组织来展现争议的共同体世界背后，那个总是不列入计算的关键人物便被发现了。除非他的任何一个反应都列入计算，否则此人便不列入计算。同样，倘若他仅仅被当成一个政治动物，他也不会以一种完整的方式被列入计算。社会契约与主权权力的类政治，借由拒绝与危及社会秩序的叛逆妥协之亚里士多德式类政治，并将**人民**（démos）切割成为一个个的个人，开启了一个比将部分视为整体的古老政治间距更为根本的间距。它让人与其自身的间距成为人民与其自身间距之最初与最终的基础。

因为主权人民的同音异义字与其同时出现，但两者的意义并不相同。此同音异义字是对于主权的否认与嘲弄；是被视为人口或百姓的前政治或非政治的人民；是其存在会妨碍主权实现的辛勤困顿的人口、无知的群众、被束缚或被解放的人群，等等。而如此一来，也重新打开了现代人民中的间距。此一间距铭刻于人与公民这两个用语之间充满问题的连结之上：这是新的政治争议部署的元素，其中每一个用语都可以用来揭露另外一用语的未加计算之处；但这同时也是作为重新打开元政治与政治之间的间距，以及在政治舞台上建立此一间距的开端。此种元政治间距的政治效力有一个名字——恐怖。恐怖是一种以实现共同体的**原则**，以及对此一原则的内化与完整感应为其**政治**任务的政治活动。这意味着恐怖虽然采取了一种元政治计划，但却使用了当代类政治的语汇，亦即关于主权权力与个人的关系的语汇。其中，个人可能基于各自考量，导致主权形同虚设，并使作为整体灵魂的公民身份受到威胁。

在这种根本错误——人的非人性——的基础上，许多错误便交会了：将个人及其权利与国家关联起来的新错误；使真正的主权者，也就是人民，必须面对主权的篡位者的错误；主权人民与作为组成部分的人民之间的差异；让阶级对立的错误，以及让阶级冲突的事实对立于个人和国家之间竞技的错误，等等。而正是在这个竞技之中，第三种"哲学家政治"的形象才会被打造出来。人们称之为后设政治（méta-politique）。后设政治与元政治之间有一个对称的关系。元政治试图废除伪政治，也就是民主。它在真正的正义（类似天体比例）与错误的民主展现（类似于不正义的支配）之间，宣告了一个根本的间距。相对于政治能从正义与平等那里所断言的事物，后设政治则对应地宣告了一个不正义与不平等的彻底溢越。它断言了一种绝对的错误、一种"错误之溢越"，毁坏了平等论证的一切政治引导。此溢越也揭露了一种政治的"真理"。不过此种真理是一种特别的真理。此种真理不是让真正的共同体取代政治谎言，而得以建立的善的观念、正义、神性**宇宙**或真平等。政治的真理便是揭露政治的假相。这正是一切政治命名与铭记和支撑它的现实之间的间距。

毫无疑问，此一现实可以被命名，而后设政治则称之为社会、社会议题、社会阶级或社会的真实运动。但是社会只有在被当作"政治假相的真相"的情况下，才会成为"政治的真相"，易言之，社会不是构成政治的感知肌理，而毋宁是其根本假相的名字。在现代的"政治哲学"部署中，政治真理不再作为政治本质或观念而位于政治之上，它是位于政治之下或之后，位于政治所遮蔽者或仅为了遮蔽而存在者之处。后设政治是此种特殊真理的运作。它不再将民主的事实性视为对抗致命拟像的完美模型，而是将之视为攸关生死的秘密，并且盘绕在任何政治表现的核心。后设政治是将所有争议性政治展现二分的政治假相论述。为了证明政治对于自身真理的无知，后设政治一再地标示出名称与事物之间的间距，以及人民、人、公民之**话语**的宣称，与由此构成的计算/理据之间的间距，而这是对于根本不正义——本身即是一个彻底的谎言——的揭发性间距。如果古代的元政治提出了一种维持共同体健康的药方，那么现代的后设政治则将自己表现为一种征候，在每一个政治差异，例如，人与公民之间的差异中发现非真理（non-vérité）。

很明显，后设政治诠释的经典阐述是由马克思，特别是在他的《论犹太人问题》中所提出的。和柏拉图完全一致，后设政治诠释所瞄准的对象，也就是作为某种政治之完美实现的民主，亦即政治之谎言的完美实现。对此提出质疑的基础，完全来自介于卢梭式的公民主权形象与霍布斯式的所有人对所有人战争的现实之间的差异。关于霍布斯式的个人与卢梭式的公民之间差异的处理，在马克思的文本中经历了相当显著的转折。一开始，这个差异意味着政治的限制，以及政治对于实现专属于人之人性的无能为力。由此，人的解放便成了在政治公民权利限制外之自由人性的真理。人不是超越政治再现的某种未来的实现，而是隐匿在此一再现底下的真理：市民社会中的人，亦即，私有财产的所有者，被赋予的公民权只是用来掩饰没有任何权利的无产者。公民权在实现人的真实人性上的无能，转变成经由掩饰的方式替拥有财产者的利益服务的能力。政治"参与"因此只是此一分配的面具。政治因此被视为社会真相的谎言。同样，社会也总是可以被简单地化约为政治之非真理。

作为政治真理的社会，陷入了一个严重的分裂。一方面，它可以是"人之人性"的"实在"与科学的名称。借由社会的实现，生产运动与阶级斗争运动变成了必须支持人作为生产者的现实，而排除政治公民身份表象的真正运动。但是此一实证性却也立即受到阶级概念的模糊性所侵蚀。**阶级**是区分治安秩序的依据与政治证明的依据之诸多同名异义词的一个绝佳范例。就治安的意义而言，阶级是根据出生或活动而被赋予特定地位与阶层之人的组合；在这个意义上，阶级可以用来指称一种较弱意义上的职业团体。因此，在 19 世纪，人们可以使用印刷工阶级或制帽阶级等用语。在较强的意义上，阶级与种姓制度同义。也因此造成了一个明显的吊诡：**那些**在计算各种工人阶级时毫无疑义地会被算入的人们，常常会拒绝承认有**一种**构成社会分裂、并赋予各种工人阶级特定身份之工人阶级的存在。就政治的意义而言，**阶级**指的则是全然不同的事情：冲突的操作者、算入不被计算者的名字，以及一种加诸所有社会群体现实之上的主体化模式。雅典的**人民**（démos）或无产者、属于"布尔乔亚"身份的布朗基将自己算入的那个阶层，便是这种类型的阶级，亦即，对于社会类属及与他们拥有同样名字的"阶级"的去阶级化力量。不过，马克思的后设政治在这两种完全对立的阶级之中引入了一种暧昧性，所有关于政治**歧义**的哲学**歧义**都集中于此。

关于此歧义，我们或许可以在无产者的定义上获得一个梗概，"一个不**再**是社会阶级的社会阶级"，《〈黑格尔法哲学批判〉导言》中如是说。问题在于，借由这些话，马克思只是从阶级斗争的角度为政治意义上的阶级赋予了一个严格的定义。无产者这个名称只是不被算入者的名称，一种将无分者之分置入新争议的主体化模式。马克思在某个意义上为人与主权的神话所致力去除的"阶级"重新命名，不过，他所采取的是一种吊诡的方式。他将阶级重新命名为一种基础政治（infra-politique）真理，在其中政治谎言将被揭穿。他将那个非阶级的阶级之惯常例外性设想为社会解体过程的结果。一言以蔽之，马克思将政治范畴转变成政治之非真理的概念。自此，阶级的概念与后设政治的意义，便开始无限地摆荡在与柏拉图式元政治对称的"真相"政治的激进主义及所有政治假相的虚无主义之间，此虚无主义亦是所有事物假相的政治虚无主义。

就第一个意义而言，阶级的概念被视为政治谎言的"**真相**"。但是此一真相本身会在两个端点之间摆荡。一方面，它具有社会内涵的实证性。阶级斗争是社会的真实运动，且无产者或工人阶级是驱使此一运动达到一种其真理将导致政治幻象破灭的社会力量。在如此的界定中，工人阶级与无产者成为社会实证性，且其"真理"可以用来支持所有具生产性的工人们的伦理体现。但是，在另外一个极端中，工人与无产阶级乃是透过本身作为"非阶级"（non-classes）的否定性而被界定的。他们只是革命行动的演出者，且在革命行动的标准之下，任何形式的民主主体化或任何具实证性的社会群集，仿佛都有根本的不足。这两个极端严格地界定了两种极端主义：一种是阶级的基础政治极端主义，亦即政治阶级的社会统合；另一种则是非阶级的超政治（ultra-politique）极端主义。这两种相互对立的极端主义，其各自的同音异义字，阶级与非阶级，使它们在同一个恐怖主义者的形象之中结合。

阶级这个概念作为政治谎言的**真相**，在后设政治中扮演了一个核心的角色。后设政治这个字的字首的意义之一，便是意味着政治的"**超越**"，但是我们也可以从这个字首的另外一个意义，亦即**附属**的角度加以理解。如此，后设政治便成了政治的科学附庸，其中，政治形式被化约为阶级斗争的力量，从一开始便被视为**谎言的真理**或幻象的真理。但是，它也可以成为一种所有主体化形式的"政治"附属，将其不承认且只能不承认的阶级斗争，视为隐蔽的"政治"真理。后设政治可以拿任何现象作为证明此一现象之虚假的真理。针对假相的真理，马克思以其过人的资质，发明了一个所有现代性皆采用、甚至有时候还被用来对付马克思的关键字。他称之为**意识形态**。意识形态并非用来指称拟像或幻象的新用语。意识形态是一个标示了后设政治所打造出来的真理——作为错误之真相的真理——之崭新地位的语汇。意识形态不是相对于模糊表象的明晰观念，也不是一种用来标记自己与假相的真理。相反，意识形态是一种对其而言唯有假相才能成其标记的真理；也就是一种显示假相的真理、一种作为普遍干扰的真理。**意识形态**因此不是一种旧观念的新名称。借由发明这个用语，马克思为这个持续至今的时代发明了一个人们从未听闻的真理体制，一种真理与政治之间的崭新连结。意识形态是词语与事物之间不断遭受非议之间距的名称，是组织现代政治部署的连结与瓦解的概念操作者。它轮番地让人民的政治表象被简化为一种遮掩冲突现实的幻象，或者声称人民的名字与其争议的展现已经过时、共同利益的到来亦已是陈腔滥调。意识形态将政治的生产与其撤离扣连起来，这意味着词语与事物之间的距离，总是可以从政治中的假相转变成政治的假相。也正是借由这个概念，任何事物都可以被宣称为来自政治与其假相的"政治"证明。简而言之，正是在此一概念中，借由所谓的政治的消失，或是透过宣称所有的事物都具有政治性，但事实上也就意味着没有任何一件事情具有政治性，取消了所有的政治。政治成了真理的寄生模式。最后，意识形态让政治的场所不断地移动，直至令人眩晕的尽头：政治终结的宣告。在治安的语言中所说的"政治的终结"，或许事实上正意味了一个过程的完成。在此过程中，后设政治与政治无可避免地纠缠在一起,且将所有的事物都称之为政治的事物,因而掏空了政治。并且,以对于所有的表象进行批判之名,让构成政治的错误消失无踪。在此一过程的终点,错误在经历了自身绝对化的漩涡之后,被化约为谎言之真理的无限重复、化约成为空真理的纯粹展现。其一度建立的政治,便宛如无处可寻的原始天堂,在其中,个人与群体使用着专属于人的言说,调解从属于一般利益的特殊利益。在治安马克思主义的坟前宣告的政治终结,简单地说,只是马克思主义后设政治的另外一种形式,亦即,"自由主义"和资本主义形式。"政治的终结"乃是后设政治介入的终极阶段、其真理之空的最终肯认。"政治的终结",乃是政治哲学的完成。

更精确地说,"政治的终结"是构成现代民主与社会革命时代特色的政治与后设政治之间紧张关系的终结。此一紧张关系,曾经在对于人与公民、受苦/劳动人民与主权人民之间间距的诠释中展现。事实上,思索与处理此一间距有两种主要的方式。第一种是后设政治所采取的方式,在此一方式中,间距被视为对于不可能的同一化的揭发,或理想主权人民非真相的符号。后设政治将奠基于人民主权概念上的法律条文,并将政府制度体系定位为形式民主。在如此的界定下,"形式"与一个虚拟或不存在的内容对立,同时也对立于一种真正属于人民共同体的权力的事实。从那一刻起,其意义可能是对于权力真相与剥削的掩护,也可能是尚未发展成熟之社会矛盾的必然展现模式。无论如何,后设政治对于人民内部分裂的诠释,将所有的政治场景一分为二:其中一群人玩着形式的游戏,例如,权利的请愿、争取代表的抗争,等等;而另外一群人则以消除此种形式的游戏为其行动的目标。一方是法律与政治代表的人民；另一方则是社会与工人运动的人民，也就是，消除民主政治表象的真正运动实践者。

针对人与公民、劳动人民与主权人民之间间距的后设政治诠释与政治诠释截然不同。人民与其自身的差异对政治而言，并不是一个必须被揭发的丑闻。此乃政治运作的首要条件。政治是当**人民**主体得以表象的领域存在时才会存在。而人民的特性便在于与自身的差异。因此，从政治的观点看来，那些被列入人权宣言或法律和宪法前言、那些由这个或那个制度所具体化或被深刻地铭刻在雄伟建筑的三角楣上关于平等的条文，并不是被其内容所揭穿的"形式"，或为了遮掩现实而构作的"表象"。它们是人民出现的确实形式，是铭刻于共同经验场域中之最低限度的平等。问题不在于指控此一既存的平等与其所掩饰的一切之间的差异。问题不是在于反对表象，而是在于确认表象。在无分者之分的铭刻所在，无论这个铭刻多么脆弱或稍纵即逝，**人民**表象的领域都会被创造出来，而**统治**的元素、人民的力量，便会存在。因此，问题乃在于如何延伸此一表象的领域，以及强化此一力量。

强化此一力量的意思，就是在某些条件限定下，借着证实人民与其自身之间的差异，来创造争议的场合与争议的共同体世界。"基本条文中的理想人民"和"工厂与市郊的真实人民"之间的对立并不存在。存在的其实是一个记载着人民力量的场所，与诸多驳斥此一力量事实上并不存在的场所之间的对立。工作空间或家庭空间并未与记载于这些文本的力量相矛盾。若真要与其矛盾，首先便必须肯认其存在，因而也必然与之发生关联。但是，根据治安逻辑，没有办法**看出**如何以及为何会如此。所以，问题是在与非/无关系（non-rapport）建立起一个可见的关系，建立起一个据称无效之力量的效力。重点不再是依据某种征候学，诠释一群人民与另外一群人民的差异，而毋宁是以剧场的意义诠释**人民**（démos）存在的场所，与人民不存在而仅有人口、个人、雇佣者与受雇者的场所之间的间距。政治便是对于此一关系的诠释。这意味着将之建造成一个剧场，并且发明一种兼具逻辑与戏剧双重意义的论证，将互不关联的东西关联起来。此种发明既不是主权人民及其代表者的英勇事迹，亦不是非人民/劳动人民与其觉醒的英勇事迹。

那是我们或许可以称之为第三人民的作品，以此一名称或其他的名称运作，并且以算入不被算入者的方式，连结了一个特定的争议。**无产者**曾经是实现了此一连结而成为一个被赋予特殊地位的名称。换句话说，"一个不是阶级的阶级"，这个用以作为后设政治中政治幻象之真相的名字，在政治之中是用来组织争议的主体的名字。那不是某种普遍受害者的名字，而毋宁是错误之普遍主体的名字。它具有作为政治主体化模式的名字的价值。在政治之中，主体并不是一个固定体；他们是拥有时刻、场所、发生的间续性行动者，而其特性便在于美学与论理双重意义上创造出这些语汇、**论证**，以及在无关者中建立关系并且赋予无所者场所的**证明**。此一发明所采取的形式，并非那些有疑义之"内容"的后设政治"形式"，而是采取与后设政治"表象"大异其趣的人民表象的形式。同样，"权利"并非某种理想主体的虚幻属性，而是针对错误的论辩。既然平等的宣言已经存在，那么就有可能使其发挥效力，就有可能借由提出"在公民平等展现的领域中，如此这般的关系是否包括在内"等问题，来安排其与身体分配的古老惯例遭遇。当法国工人在资产阶级王权底下，提出了"法国工人是法国公民吗"（换句话说，"他们是否拥有皇家宪章中所承认的在法律之前一律平等之法国人的属性"）这个问题时，或者当女性主义的"姐妹们"在共和时期提出了"法国女人是否包含在具有'**普遍**'选举权的'法国人'之中"这个问题时，工人与女人便都是从法律中所记载的平等与不平等所辖治之空间中的间距出发的。但是，他们绝对不会因此做出此一记载了平等的文本可以被置之不理的结论。相反，他们为此发明了一个新的场所，一个将平等与其缺席聚集在一起可以进行证明的空间。一如我们已经看到了的，此一证明同时呈现了平等文本与不平等关系。也借由此一呈现、借由诉诸不承认此一对话情境的对话者的事实，表现得仿佛是在一个共同体中展现自身，来证明共同体的不存在。民主政治透过一种"仿佛"的操作，对立于后设政治的表象及拆穿表象的游戏。此一"**仿佛**"构成了主体显现的形式，也开启了康德意义上的美学共同体，一个诉求那不愿承认其存在者之同意的共同体。

因此，在同样的名称之下，现代的社会与工人运动将两种相互矛盾的逻辑糅合在一起。其关键字，无产者，指称了两种非常不一样的"主体"。从后设政治的观点看来，无产者这个语词所指称的是真正的社会运动的执行者；它揭发了政治的民主表象，且必须将之瓦解。以此为名，去阶级的阶级，也就是"所有阶级的瓦解"，变成了将政治重新纳入社会之中的主要课题。它曾经让元治安秩序最激进的形象得以付诸实行。从政治的观点观之，无产者是**人民**（démos）的一种特定的发生、一种民主主体，借由建立争议性的共同体世界来证明其力量、超越所有的规则，并在无限的错误之内，普遍化不被算入者的计算这个议题。"**工人**"与无产者因此都是双重过程的行动者的名称：一方面是暴露并且处理人民内部间距的民主政治行动者；另一方面则是作为后设政治中的人物，也就是被视为可以驱离政治幻象及其极端形式而成为揭露民主幻象之"真实运动"中的行动者。后设政治进入了其在所有人民争议的形式上所建立起来的表象与实在的关系之中。然而，反之亦然。若要建立起论证及其展现，并且将平等**话语**的可见性形式与无法看见此一言说之场所的关系建立起来，社会与工人运动便必须重组可见者与不可见者的关系，也必须重组代表着工人及其言说的做事方式、存在方式与说话方式的关系。不过，为了达成此一目的，它便得放弃那些将正义与不义及"社会"真理和"政治"欺骗的游戏连结起来的后设政治论点。后设政治将此民主间距形式解释为一种非真理的征候。但是，它自己却也不断地被重新诠释，并且为其他操作与消除此一间距的各种方式提供材料与形式。

这些中间诠释的整体部署有一个名称，也就是**社会**。如果治安与政治之间的关系，可以由几个关键字或几个同音异义字来加以界定的话，那么我们便可以说，在现代性之中，**社会**是一个引发了好几个逻辑与逻辑交织的连结与切割、对立与混淆的关键性同音异义字。那些自称为政治与其哲学的"复辟者"，着迷于政治与入侵政治优位性的社会之间的对立。但是，在现代，只要政治不被完全等同于治理的科学或赢取治理权力，社会便是政治展现的场所与其所采取的名称。这个名称与其否定者的名称的确十分接近。不过，所有的政治都是在同音异义字与难以分辨者上运作。每一个政治都处于被并入治安的根本危险的边缘上，而政治主体也仿佛是在社会体的实现上运作的。政治行动永远都与某种"介于之间"有关，也就是介于"自然的"形象（亦即，体现为被切割成各种功能器官之社会的治安形象），以及体现其他元政治或后设政治的界限形象（亦即，将原先可以解散社会体的主体转化为一种真理的光荣体）之间。"社会运动"与"社会革命"的时代，乃是社会扮演了上述角色的时代。首先，它曾经是进行团体与功能分配的治安的名称。它也曾经是透过让无分者之分列入计算，进而挑战了此种团体与功能自然性的政治主体化机制的名称。最后，它也曾经是政治"**真相**"的后设政治的名称，并且采取了两种形式：一种是用以作为新社会身体背后原则之真实运动的正面力量，而另外一种则是作为持续不断地证明错误之真相的否定力量。社会曾经是所有逻辑的共名及这些逻辑之交错的名字。

这也意味着，虽然"社会科学"被某些人指责其偷偷地在政治哲学卓越的遗产中引入经验性，但同时也被另外一些人赞美其卸除了政治哲学高调概念的神秘外衣，但是事实上，在社会与民主革命的年代中，"社会科学"与政治哲学具有同样的存在形式。社会科学曾经是哲学与政治之间的紧张关系，以及借由去除政治而实现政治的哲学计划所采取的最终形式。此一冲突与计划，曾经在马克思主义科学的祭坛上，或是借由社会学里的涂尔干（Durkheim）或韦伯（Weber）表现出来，而比较不是以一种政治哲学的纯粹形式展现。马克思主义后设政治制定了如下的游戏规则：在藏匿于政治表象背后的真实社会体与关于政治假相的科学真理的持续宣称之中游走。柏拉图式的元政治提供了第一代的社会科学模型：借由共同体新宗教治理下的正确功能运作界定有机共同体。亚里士多德的类政治则提供了第二代，一种与其自身保持距离的共同体模型。社会学的最后一代，也就是政治哲学的最后变形，便是对于游戏规则的暴露。人们说那是空洞的时代，一个真理与社会被化约为空洞真理之无尽干扰的时代。第三代的社会学家有时将之称为"政治的终结"。现在，我们也许到了可以理解其意义的时候：此一"政治的终结"与"政治哲学"的修补者所谓的"政治的重返"是同一回事。时至今日，重新回到纯粹的政治与"政治哲学"的纯粹性只会有一个意义，那就是回归到构成现代政治冲突以及哲学与政治之根本冲突那边；回归到政治与哲学的零度。那将是一首理论田园诗，试图透过哲学决定赋予共同体实现善的任务；那也是一首政治田园诗，寄望借由获取人民信任的精英所进行的开明治理实现共善。政治的"哲学"回归与其社会学式的"终结"，实属同一件事。

第五章
民主，抑或共识

Démocratie ou consensus

所谓政治的田园诗,这般政局平稳的状态(état idyllique du politique)通常被冠上共识性民主之名(le nom de démocratie consensuelle)。然而,在此要指出的是,严格来说,"共识性民主",这个概念连结着相互矛盾的术语。因此为了思索此一名称独特且尚未表露的面向,在本章中,我们将提出"后－民主之名"(le nom de post-démocratie)。关于此一指称,唯有透过某些主导当前民主之论述的内在悖论才得以说明。

当我们听到四处宣告着民主的胜利,同时它又对应着集权体制的瓦解。此胜利有双重意味:首先,它被理解为政治体制的一次民主的胜利,它作为建制体系,将人民主权加以具体化,相较其对手,它证明其自身之政体更为正义,且更加有效。事实上,所谓集权国家的垮台,正是在"何谓其根本正当性"的问题上彻底挫败:这是关于合法效力的论辩,也是体制如何促成新生共同体之具体条件的能力。如此一来,便得以提炼出所谓巩固民主体制的正当性。此一正当性意味着,在同样的运作过程中,民主既保证司法的政治形式,也保障财富生产、利益组成,以及众人所得最大化的经济形式。其次,在众人的眼中,民主的胜利仿佛又是一次作为政治实践的胜利。西方民主运动的历史总是纠缠着民主所挥之不去的自我怀疑。此自我怀疑概括为马克思主义关于形式民主及真实民主的对立。此后设政治式之对立的内化,经常就是其政治争议所处理的内容。民主人士自己不断地对民主提出质疑,那些最奋力地争取民主权利的人，通常最先质疑这些争得的权利只是形式，且仅仅是真正民主的影子。然而，集权体制的垮台似乎终将解除"真实"（réelle）民主为维持对民主质疑的抵押（l'hypothèque）。因为仿佛从那一刻开始，便得以不假思索地提升民主诸多形式的价值，将其作为人民主权的建制性部署，而轻易地将民主等同于法治国家（État de droit），法治国家等同于自由主义，并且认定民主当中，欲求上进之人的**本性**（phusis），其得以自我实现的理想形态等同于共同体之**律法**（nomos）本身。

民主的成功欣然归因于对另一个次要抵押的加码，即是人民的观念（idée de peuple）。今日的民主已放弃体现人民的力量（le pouvoir du peuple）。民主早已舍弃人民作为一种具有双重性的姿态，例如，卢梭式的人民等同于主权主体；又如，马克思式的人民或广义社会主义式的人民，将人民等同于劳动者，作为经验性的社会形态；也等同于无产者或生产者，作为其真理具有政治超克性的形态。政治曾担负着这类双重形态，而深陷于现代革命的时代。然而，实际上这类被多重决定的人民（peuple surdéterminé）已成为现实政治契约的阻碍。在政治契约当中，个人与团体诉求政治司法的形式来保障整体的共存，并且担保每一个人在集体利益当中最佳的分享。

大致上，民主正当化的图式其作用就是作为集权灾难之总结。然而，此图式遭遇一个悖论。通常人民"神话"（mythes）及"真实"（réelle）民主的瓦解，都将导致"形式"民主的复权，并更加附庸于人民主权的建制机构，且根本地依赖议会控制的形式。但是，问题还不仅如此。以法国政治体制为例，可以观察到：持续劣化的代议制、无须究责之职权机关的政治权力扩张（诸如专家学者、法官、委员会等），扩增总统裁量权,并且形成一种以总统个人魅力领导的概念。此悖论在于：每当代议机关备受争议挑战,进而普遍盛行的观念认为议会代议制度"只不过是个形式"时,代议机关就是一个众人警惕的斗争对象。因此,可以看到一代代社会主义及共产主义的战斗分子,激烈地针对某个宪政体制而战斗,他们更主张,所谓权利、体制机构及建制的运作,都代表了布尔乔亚与资本的权力。如今,状况被翻转了,且所谓形式民主的胜利同时伴随一种对其形式的感受性冷感。这种时代氛围正是对上述悖论的回应。显然,借由代议制度将政治操作的形式相符于一个社会的存在模式、相符于驱动社会的力量,同时网罗社会所交织的需求、利益和欲望,这种民主的智慧无法十分谨慎地关照其建制并保障人民的力量。民主智慧仅相符于运作且交织在社会体当中的最大化计算,也相符于个体化的进程,同时强加于每一个个体彼此间的一致性。

此回应指出两个问题。首先要提出"真实"民主之论辩里,存在某种奇特的同源关系。就在宣告马克思主义业已尽了,以及将政治归属于经济的计划彻底失败的同时,可以看到所谓自由民主体制根据其自身的考量,而重新展开一种庸俗马克思主义（marxisme rampant）①的出路,进而参照所谓政治便是某种

---

① 庸俗的马克思主义（marxism rampant）通常与教条的马克思主义（marxism dogmatique）同样地遭受到马克思主义者批评。基本上,"庸俗的马克思主义"也直译作"爬行的马克思主义",就是批评以经验主义来理解的马克思主义,通常被认为是基本理论修养的不足与思想的不透彻,仅由经验来判断马克思主义的实践。相对的,教条马克思主义常被形容为"跛脚的马克思主义",遵从于理论的教条化而失去实践的能力与作为。——译注

社会状态的表述，且政治应当是充实其民主形式之实质内容的生产力发展，民主宣告的成功便伴随着一种民主被简化为某种社会关系的状态。在我们的社会当中，民主的成功就是政治形式与感性存有的叠合。

然而，悖论还采取另一种形式。事实上，民主与其感性存有之等同所展现的是其"冷感"的特有形式，这是对感性存有之再现形式的无感。民主指涉某一种亲临体验的生活、一种可感经验的形式，但是可感经验的形式缺乏了确实的感受：即是说，似乎只有在匮乏的状态下才感受到激情，亦即如同在吕西亚（Lysias）论述中的爱情。① 似乎民主仅能以掏空自身感受作为代价换得其效应的成果。问题在于匮乏总是被不断填满，并且在我们的社会当中，借由一种不可预见的形式，将民主形式之冷感的悖论对应于一种已被埋葬之人民的回返。实际上，人民总是在他们被宣告无效的地方成形。更甚者，就在解散卢梭式与马克思式人民的位置上，到处都出现一种种族性的人民（peuple ethnique），且固化成迈向自身的同一性（identité），并自成一体来对抗他者。

于是，在此悖论的核心，持续存在着关于民主的"形式"，以及此"形式"究竟意味着什么的问题。这发生的一切仿佛是宣告占统治地位的自由主义瓜分了业已用尽的马克思主义憧憬：在形式与内容、政治表象与社会现实的概念性对组当中，前者考量着政治的形式问题，将政治的与社会的规则定义为建制体

---

① 此处指在柏拉图的《斐德罗篇》（Phaedrus）中，关于吕西亚谈论爱情（erotikos）的论述。——译注

系同个人和团体之能量彼此运作的关系。在此关系当中，个人与团体发现自身或多或少相符地表达在体系当中。马克思主义后设政治则摆荡在形式表达理论及表象假面理论之间。但是，取得胜利之民主的官方论述以冷感形式对应于逐渐消逝其内容的复权"形式"，即便如此可能贸然导致廉价柏拉图主义的风险，进而否定了共同体中每个人都具有民主小快感的新共和精神。

要展开这些论辩，在某个程度上就是重新探问"政治哲学"留下的问题，必须去翻转它最初的关键。最初民主激发政治哲学的原因，并非民主是诸多建制的一个集合，也不是在各种其他体制当中的某一类型，而是因为它是一种政治性存有（être du politique）的方式。民主并非议会体制或法治国家。它也不是一种社会性状态，不是个人主义支配或群众的统治。倘若我们对政治的理解不是共同体中诸多身体的组织化，即不是关于其位置、权力和功能的管理，那么一般而言，民主就是政治的主体化模式。更准确地说，民主是一次特异性中断的名称（le nom d'une interruption singulière），它中断共同体中诸多身体的分配秩序，我们已经以治安（police）的广义概念，指出了此秩序的概念化。然而，借由一种主体化的特异性部署，民主之名便中断此秩序的完善运作。

此部署可以概括在已定义的三个面向当中。首先，民主是共同体的类型，但此共同体的类型以一种人民的特殊表象领域之存在而定义。此表象（apparence）并非对立于真实的假相。它将一种可见性引入经验的领域当中，并修改可见性的体制。它并不对立于现实，它分裂现实并重塑现实，如同现实的复本

140 一般。正因如此,"政治哲学"对抗民主的第一场战争,就是柏拉图反驳**意见**所兴起的战争,即将**人民**(démos)自身的可见性同化为非-真理的体制(régime de la non-vérité)。

其次,占据此表象领域的人民是一群特殊类型的"人民"(peuple),它们无法以种族类别的属性来定义,也不等同于在一种人口总数下可由社会学观点决定的组成分子,也不是构成人口的团体总和。通过民主而来的人民是一个统一体,但不由任何社会团体构成,而是将"无分者之分"的效应,添置在遭受简化计算的社会组成分子之上。所谓民主便使诸多主体得以立足(institution)①,这些主体不同于国家或社会组成分子,而是解除了再现一切位置及份额的管制之流动主体。这个论点无疑令人想到勒福尔(Claude Lefort)关于民主之"不确定性"

---

① 此处朗西埃原文指出"民主"是诸多主体的 institution,亦即后句中,解除被固化位置与份额之流动主体的 institution,我在此处选择以 institution 之字源的诠释进行翻译。institution 其字源意指"使其站立"(to cause to stand)。此处 institution 不使用一般惯用中译的"建制"或"机构"是为指出,朗西埃在本书中已几次讨论"平等"作为"政治"发生的核心问题,此处"民主"作为"政治"的主体化模式,亦是本书第二章论及之"平等"预设与其验证的积极运作,秉持此一"平等"逻辑同"治安"逻辑的对抗,"民主"便意味社会中"无分者之分""扭转"其简化计算,在其"双重分裂"的效应上,扰乱、解除其算式之身份与其几何之位置,进而造成的"超额"的主体化建构。因此对应前面章节讨论"平等"的语境,此处"民主"是诸多主体的 institution 一词,我便译作在"平等"逻辑之运作下,诸多主体"得以立足"(institution)。然而,在原文其他各处之一般语意下使用的 institution 则视前后文译作惯用中译。——译注

(indétermination）的概念。① 但是没有任何理由将此不确定性等同于一种象征性灾难，进而连结到国王"双重性身体"的革命性解体。必须将民主的中断作用及其非同一性从这般牺牲性戏码当中解开，这样的戏码根本地将民主的发生束缚在巨大幽灵当中，而此幽灵正是国王被撕裂之身体所化身的恐怖主义与集权主义。因为，首先并非国王，而是人民有双重性身体。甚至，此双重性并非基督教义以圣体与肉身定义的双重性。人民的双重性是：它既一个社会身体，又是一个转化所有社会认同作用的身体。

第三，人民表象的场所是导向争议发生的场所。政治的争议不同于以人口总数建构之组成分子间的任何利益冲突，因为这种利益冲突只是借由组成分子之间不变的计算方式所造成的冲突。政治的争议也不是合作者之间的商议，而是使对话情境发生的交谈。因此，民主是从诸多共同体当中设立的一种特殊类型，从诸多争论的共同体当中使两种逻辑的根本对立发生，一者是分配位置的治安逻辑，另一者是平等特质的政治逻辑。

民主的**形式**无非是此三元部署的展现形式。只要出现一种人民表象的特殊领域，民主就会发生。民主发生，只要它来自于政治的特殊行动者，且不属于国家部署的代理人，亦不属于社会的组成分子，而是来自某些转化国家或社会组成分子之认同作用的团体。最后，在人民展现的场景当中，只要透过非同一性主体（sujet non identitaire）引动一次争议的发生，民主就

---

①请特别参考《政治文集》（*Essais sur le politique*）. Paris：Le Seuil，1986.（英译本，*Democracy and Political Theory*. trans. David Macey. Mineapolis：University of Minnsota Press，1989. ——译注）

会发生。民主的形式便是此表象、此非同一性的主体化、此争议的引动。这些展现形式对政治性建制部署（les dispositifs institutionnels du politique）产生影响，且这些形式任意地采取各种部署的方式出现。这些形式生产平等的铭刻，也论辩既存的铭刻。因此，对于选举式的议会、言论自由的建制性保障，以及国家控管的部署，这些展现形式并非丝毫不关心。这些形式所关心的是发现操作的条件，且不断修改这些条件。但是它并不等同于条件的操作，更不能将它等同于个人式的存在模式。民主并非个人或群众的时代。建制性类型与个人性类型的对应性，并非现代社会学的发现。我们都知道，柏拉图创造了这个对应性，并且作为元政治的规定，此对应性就是灵魂与完善治理之城邦的一致性，它要求民主个人与其城邦之特质的一致性叙述。

换言之，所谓民主就是一种集体生活的体制，这一观念表示了一种**特质**，亦即民主个人之生活的一种体制，这样的说法都是柏拉图对民主之特异性（singularité）的驱逐，也是对政治本身的驱逐。因为，民主的诸多形式不是别的，而正是政治的建构形式，且作为一种人类共存的特殊模式。民主并非社会生活的一种体制或模式，它是政治本身得以立足（institution），借由民主，主体化之形式的体系恢复其偶发性，它发现并再次质问功能对应其"本性"（nature）、且怀疑位置对应其功能性身体（corps en fonctions）的分配秩序。我们已经说过，民主并非人们的**习性**（ethos），并不是人们"存在的方式"给个人带来民主，而是此**习性**的断裂，介于言说存有的能力与行为，以及存有和言说的任何"伦理性"（éthique）和谐之间所经验的间距（l'écart）就是民主。在此明确意义上，任何政治都是民主的；

这并不意味着一种诸多建制机构的集合，而是指展现的形式使平等逻辑对抗治安逻辑。我们便是从此处展开对于后民主的理解。这个术语不应该被理解为悲哀地放弃希望，或快乐地剥除假象的民主状态。我们不会在后现代的时代当中寻找一个明确的民主概念。提出这个术语应该单纯地指称悖论，也就是利用民主之名，共识的实践抹除了民主活动的形式。后民主，它是在**人民之后**（après le démos）的一种治理性的实践、一种民主的概念的正当性，这种民主已然清除了人民的表象、其所遭受的错误计算（mécompte）以及引发的争议，于是简化为一种国家部署、社会能量以及利益组合之间的根本规则。后民主不是在社会能量的规则里发现建制形式之真理的民主。为了使主体与民主本身的活动消失，它是建制部署及社会份额与组成分子之配置作用的同一化模式（un mode d'identification）。在国家形式与社会关系的状态之间，它是一种不留余地之相符作用下的实践与思维。

实际上，这就是所谓共识民主的意涵。平稳的统治便是在此处看见个人与社会团体之间合理的一致性，充分了解什么是各方之间可能的知识，以及可以商议的内容。对每一个组成分子来说，如此才是取得最佳份额的手段，而状况给定的客观性也容许他们可以等待较为合意的竞争冲突。然而，在进行两种取得份额之方式的选择时，为了使这些组成分子选择商议而非冲突，就必须使每一个人先作为组成分子而存在。在认为和平比战争来得合乎利益之前，共识便是某种感受性的体制，此体制的组成分子被预设为先行给定的，他们的共同体被预设为既成的，同时他们言说的考量也被预设为等同于他们语言的表现。

如此便预设了共识,且共识是争议分子与社会组成分子之间所有间距的消失。以人民之名及其自由之空性(le vide)所展开的表象、错误计算与争议之部署,共识都予以取消。简言之,共识就是政治的消失。民主的三元部署,亦即政治的三元部署,它完全对立于全览世界的命题,对立于被不留余数彻底计算的组成分子,对立于一切得以校准问题的客观化途径。所谓的共识体系是被**意见**以及被**权利**(droit)决定的体制,此两者结合起来且一同被提出来,作为共同体不留余数并与自身等同的体制。此体制进行着使人民与其组成分子彻底地在场化(présentification)的程序,并且将组成分子的计算与整体之图像和谐地调度,然而,在这些程序与调度的背后,作为**意见**的体制,后民主的原则就是取消令人困扰且持续造成麻烦的人民之表象及其总是虚构的计算。后民主的乌托邦是一种不间断的计算,进以在场化"民意"(opinion publique)之整体而等同于人民之身体(corps du peuple)。那么,民主意见等同于普查和拟像的体系,这究竟意味什么呢?它意味人民之表象领域的撤除。在此,共同体不断朝向自身呈现。人民不再是不被整算的奇数、不再是不可数的或无法再现的,而成为总是同时全部在场,又彻底地缺席。人民完全在可见的结构中被理解为一种全览的结构,因此在这结构中不再有任何人民表象的场所。

在厘清此论点时,重要的是保持与拟像(simulation)及拟仿物(simulacre)之分析理论的距离,特别是鲍德里亚(Jean Baudrillard)引导出的那些分析。在整合性展示的符号与真实的恒久性当中,这些分析已为我们指出庞大拟像的进程:一切都是全览的,没有东西不表象,因为一切总是已然在此,且等同于其再现,等同于其再现的拟像生产。此后,真实与其拟像便无法区分,这就等于允许真实可以不需发生。在其拟仿物当中,真实总已被预料。从此处可以将所谓"真实的失落"(perte du réel)区分为两种诠释。第一个诠释强调整合性的操纵,这是真实与其拟像的相等原则。① 第二个诠释欣然礼赞此真实的失落,且作为一种新政治的原则。② 依据后者的说法,它将世界带往其自身图像的承继,而图像摆脱了真理的暴政,媒体技术的统治成为技术统治的转捩点,它废除由形上学安排、衡量、操弄的客体世界,而开启一种多样性之本真解放的观点。在形上学概念与其操弄之客体的宇宙中,对马克思主义的时代而言,解放被认为是劳动与历史的标志。新的解放则是技术与其形上学解构的翻转图像。它将获解放的新生共同体作为多样性(multiplicité),它也是在地合理性(rationalités locales)的多样性,也同时作为那些种族、性认知、宗教、文化或美学之少数的多样性,此多样性借由所有身份被认可的偶发性基础,来申明它们的身份。

一种可见性的地位、一个世界的图像,以及一种政治活动的形式,这三者之间的关系所进行的概念化方式,似乎忽略了

---

① 参见鲍德里亚的作品,特别是《终结的幻觉》(*L'Illusion de la fin*). Paris: Galilée, 1992. (英译本, *The Illusion of the End.* trans. Chris Turner. Standord: Stanford University Press, 1995. ——译注)

② 参见詹尼·瓦蒂莫,《透明的社会》(*La Société transparente*). Paris: Desclée de Brouwer, 1990. (英译本, *The Transparent Society.* trans. David Webb. Baltimore: Johns Hopkins University Press, 1992. ——译注)

决定性的一点。这点便是，拟像的逻辑对立于表象与其权力，但并不完全对立于真实与唯实论的信念（la foi réaliste）。全然可见性的体制并不是表象的解放，而是不断地将自身的图像呈现给所有及每一个不可分离之真实的体制。相对而言，它是其自身的失落。整合可见性的世界布置了一种真实，在这当中，表象不再有发生的场所，也没有产生其双重复本化与分裂效应的场所。实际上，关于表象，特别是政治的表象，它并不遮蔽现实，而是将现实分裂，而成为现实的复本，它引进争议的对象，且这些对象的呈现模式并非可等同化之物件的一般既存模式。真实与其再生产和拟像的同一性是表象异质性的非-场所（non-lieu），它是非同一性主体之政治建构的非-场所，因为借由使分离的诸多世界一同地被看见，非同一性主体的政治建构组织起争议之共同体的诸多世界，进而扰乱感受的同质性。事实上，"真实的失落"也就是表象的失落。它所"解放"的不是一种偶发多样性的新政治，而是一种人口的治安形态，且根本地等同于其组成分子的精算。

在其中运作的便是以下两者的结合：一者是无差别可见性的媒体繁殖，另一者是意见普查和模拟投票的简化计算。一般而言，表象对立于可见的同质性体制。甚至，对人民的民主表象而言，它完全对立于其拟像的现实。然而，拟像现实非但不是其拟仿物作为摧毁"真正的世界"与其政治化身的力量。拟像现实毋宁是后设政治之真理的最终转向。它是一种意见反射自身之关系的组织化，且等同于主权人民的效应，以及一种可以简化为统计样本之人口表现的科学知识。这样的人民以统计简化的形式呈现，使人民转化为知识与预估的对象，而撤除表象与争论。从此以后，便可建立彻底计算的程序。人民等同于其组成分子的加总,他们意见的总和等于构成人民之组成分子的加总。此计算总是成对整算而不留余数。并且,这般绝对等于其自身的人民也总能在其真实当中成为可解析的部分:诸如他们的社会专业范畴以及年龄级层。于是在人民之名下,除了他们确实可数之组成分子的意见与利益的简化计算之外,不会有任何事发生。

因此,媒体与科学的结合并非平等之偶发性的来到。事实刚好相反,它把持任何人及每一个人的平等,且在一个等同与循环的系列当中,建立最极端地遗忘此平等的形式。任何人及每一个人的平等,立即成为主权人民的有效性,它自身就等同于科学的模组化和预估,并透过确实被计算之组成分子的实证人口而运作。任何人及每一个人的平等成为等同于人口之主要与次要组成分子的整合性分配。主权人民之有效性被操作为完全等同于一种人口意见科学的计算,这也指出它作为科学与意见的立即统一。实际上,"意见的科学"并不仅是科学为其对象而取得"意见",而是科学被立即实现为意见,科学的意义仅在于一种反射的进程,在此进程中,意见在镜像里观看自身,而科学展开镜像以便朝向此一自身的等同性。主权人民、实证人口与科学认知的人口,这三者彻底的统一,亦是意见与其柏拉图派宿敌的等同,此意见的宿敌便是科学。因此,"拟像"的统治并非形上学与柏拉图式元政治的崩解,而是它们的计划进行了悖论式实现:被科学治理的共同体将每一个人放置其位,并配予同其位置相符的意见。意见之拟像的科学,便是柏拉图称为**"安分守己"**(sophrosunè)之空洞德性(la vertu vide)的完美实现:这就是每一个人在其位、司其职,且根据其职位发表意见。对柏拉图来说，此同一性之德性的主张，意味镜像与傀儡师的拟仿物都应被城邦驱逐。然而，在意见科学为意见展开的镜像当中，**意见**便成为其职位的同一个名称，而反射的过程便成为一种内在性的体制，进而提供共同体中每一个公民与每一个组成分子关于"他们是什么"的真理图像。**安分守己**就是此悖论式德性，借由外部身体、时间、空间的纯粹分配，来实现共同体内部的法律。意见的科学镜像给予**安分守己**其内在性，作为共同体朝向自身之不间断的真理关系。通过此反射作用，此饱实的体制，亦即共同体内在性的体制被等同于空（vide）的体制，等于人民空间化的体制。于是，"每一个人恰如其分"（chacun à sa place）便能够将它自己看作是任何人及每一个人的平等，进而不假思索地被实现为人口的组成分子，且其所思便代表其意见的份额。后民主"意见"就是人民与人口的同一性，生活如同共同体的内在性体制，而被认定为整体科学与每一个意见的同一性。于是，对人民之表象与自身差异性的消除，必须对应于消除争议的程序，因此便将可能复兴人民之名与其分裂之表象的任何争议性对象，借由问题处理的形式进行调度。实际上，当人民的争议接受了其表象与错误计算的消失，这就代表一种剧烈转化。任何的争议在此体系当中都变成一个问题的名称，且任何的问题都可以根据其解决的方法而被简单地归咎于缺乏或延迟。于是，关于偏差（tort）的展现，必须被换置为对于缺乏的指认与处理：国家行动必须了解的问题是客观化的程序，此客观化来自于问题已包含的选择限度、介入其中的专业知识分子、牵涉其中的社会组成分子，以及建立商议所必要的合作者。但是，民主的交谈者则是一个特殊的角色，它的构成是为了使争议被看见,且建构起此争议的组成分子。然而,后民主的参与各方却被等同于社会既存的组成分子,于是问题的组成已然隐含解决的措施。因此,意见组成的过程也就当然被导向问题解决的措施,并且强制赋予自身作为最合理的组成,这也意味着,就定义而言只有唯一客观上可能的意见组成。

如此确认了管理性国家与法治国家之间一种互相符合的理想状态,它的确立就是透过取消**人民**(démos),且取消依附此名称之多样形态的争议形式。**人民**(démos),这个社会冲突"古老的"(archaïques)行动者一旦被遣散,一致性的阻碍则得以清除。在追求名称与事物之间的和谐时,共识的模式十分自然地提出它对柏拉图在《克拉底鲁篇》中关于"**伤害**"(blaberon)之古老定义的赞扬:"**伤害**"就是"中断流向"。此一伤害/偏差(tort)的古老形态与其主体化造成"**利益**"之自由流向的中断。根据"**利益**"的词源学,它就是商品、观念、人与团体的"汇聚"。冲突之古老形态的消解允许了从"**利益**"(sumpheron)过渡到"**公正**"(dikaïon)的明确结果,导致在社会当中,权利的自由循环,同时借由诸多权利的扩张,以及这些权利有弹性地适应于经济与社会、生命与心态模式的持续运动,进而允许司法的规范、经济的自由主动权与社会的自由倡议,这三者之间持续的相互等同运作。

因此,在成为个人与团体的合理德性,而使他们同意商议问题,并组成利益之前,共识就是一个被感受决定的体制,是一种**权利**作为共同体**根基**(arkhè)之可见性的特定模式。在明理的社会合作者使问题得到解决之前,作为共同体的特定结构,共识必须将争议安置在其原则当中。共同体与其自身的同一性必须被确定,且权利的统治也要等同于偏差的取消。有许多谈及法治国家与法律领域之扩张,作为我们体制之特征的讨论。但是,除了所谓规则最好是专断的,以及自由最好是受到约束的,此外还必须知道是哪些现象确实地被此观念所决定,如同作为任何政治中的关键字,"权利"(droit)是许多不同事物的同义字:它是方法及语码之司法部署的运行,它是共同体与其奠基的政治哲学观念,它是偏差的政治结构,它是国家、团体与社会利益之关系下的治安管理。于是,面对元治安国家的违权(non-droit de États archi-policiers)时,法治国家的轻易立举采取了方便的捷径,此捷径则允许将所有的异质"权利"统合到毋庸置疑之法律的单一支配当中,且透过公权力的立法活动、个人的权利,以及律师事务所在诉讼程序上的创意性才能,这三者之间令人满意的和谐,便组成此法律的单一支配。然而,**法治**(le règne du droit)总是**一种**权利(un droit)的支配,这就是所谓统合法律之所有意涵的一个体制,它作为共同体之同一性的体制。今日,民主与法治国家的等同被用于生产一种共同体与自身等同的体制,进而在此体制等同于共同体精神的法律概念下,取消了政治。

今日,共同体的法律/精神展现在此等同作用的两端循环当中:在一端,它再现"**公正**"的稳定本质,透过此端,共同体便成为其自身;在另一端,此本质进一步等同于"**利益**"的多样化操作,而构成社会动力。实际上在西方体制当中,司法的扩张在治理权力的上层结构与基础取得两种主要的形式。在上层,它发展成将立法活动呈交给一种学术性的司法权威,也就是呈交给学者/专家来决定什么才合乎宪法精神,且合乎他们所定义的共同体本质。顺着自由主义的奠基原则，便可以欣然地赞扬民主的再造，自由主义的奠基原则便是以国家作为代表，将政治从属于化身为契约的司法支配，此契约将个人自由与社会能量放置到共同体当中。然而这种政治从属于司法的倾向，毋宁是透过司法的倾斜，而使得政治屈从于国家。透过剥夺政治行使主动权的能力，国家才使自己取得优势并正当化。实际上，这个正当化的奇特模式被现今流行的"节制"（modeste）国家理论所掩饰。所谓的现代国家是一种节制的国家，这种国家将曾经把持的一切，一方面归还给司法，另一方面归还给社会。但是，国家实行这种节制并不是为了国家自身的考量，而是对政治的忧虑。借由变得节制，国家倾向取消的绝不是其自身的装置，而是取消曝露且处理争议的政治场景，国家要取消这个将分离的世界一同放置的共同体场景。因此，"合宪性之控制"（contrôle de constitutionnalité）的实践并不完全是递交立法权与行政权给"法官政府"（gouvernement des juges），如同宣告驳回（non-lieu）① 争议性的公共示威。正确来说，它是一种争

---

① 此处译文中，原文是法文的"non-lieu"，在前文与后文的理论叙述上都译作"非－场所"，进以表达具有概念脉络的指涉，但此词汇也是属于法律意含上的专有名词，英译便是"dismissal of the case"，也是"不受理"与"驳回"的意思。必须注意到此词汇的多义性，特别在朗西埃的论述当中，共识体制作为全然可见性体制，其彻底并简化的计算可理解为对于政治之发生的不予受理，甚至持续抹除政治与民主的发生，因此政治与民主发生的"场所"便在这般体制当中被"驳回"，或是概念化地理解为"非－等同性主体"之政治建构的发生作为"非－场所"。此处因论及司法情境，便转换译作"驳回"。——译注

议之政治实践的国家式**拟仿**（mimèsis étatique）。传统的论辩引发民主的展现，亦即自身平等的间距，但此**拟仿**（mimèsis）则将这样的论辩转化为关于专业知识的问题。

实际上，正是这个**拟仿**安排了兴诉最高宪法机构的仪式性戏码。大法官所需了解的知识，其实跟宪法条文及其诠释的学问一点关系都没有。而是在差异当中，单纯地宣读平等与此自身的等同。任何人诉请大法官的司法技巧，总是为了提出法律或是令其不满之条文的矛盾，但并不是指出那一条**宪法**条文自身的矛盾，而是要提出其诉讼内容中同**宪法**精神矛盾的项目。这正如同《人权宣言》第一条所表示的平等原则。因此，违宪的"司法"（juridique）论辩构成对民主争议的嘲讽，且将平等的明文放到不平等的案件当中来检验。争议的论辩，亦即所谓分裂共同体的构成，在那些判决的理由当中显得十分可笑，因为判决的理由可以在一条令人不满的法律内，针对任何无意义的条文，依据平等原则亦即**宪法**的灵魂来察觉出矛盾。于是，关于政治争议成为司法问题的转化，大法官便透过一堂法律课程提出回应，此课程无非是"政治哲学"的第一原理，亦即平等之差异的原理，如同柏拉图以降所指出的：平等原则就是给相似的存有者相似的事物，给不相似的存有者不相似的事物。大法官的智慧指出，平等适用于任何环境（《人权宣言》第一条），但是在不一样的条件之下，环境的差异会赋予不一样的平等（《人权宣言》第六条）。因此，除了条文本身并不遵守此原理之外，法律就是遵守此两种平等的平衡。

取消政治之工作的智慧有双重的利益。首先，将所有含糊难解的争论——诸如大学委员会的组成或是法兰西学院教授退休年限——放置到《人权宣言》与其自身之关系的观念性要素当中。于是，共同体的灵魂（l'âme）等同于自身的"司法"（juridique）宣示，进而完成意见等同于自身的媒体/科学证明。然而，它也赋予国家权力一种最特殊的正当性形式。"节制"国家就是一种取消政治的国家，为了加强它的所有权，且持续发展其自身正当性的程序，而彻底地剥除那些不属于自身的东西，亦即人民的争议。今日的国家便是借由宣告政治的不可能性而正当化自身。通过宣示自身的无能，而达成此不可能性的证明。为了取消**人民**（démos），后民主就必须在经济需求与法治的两方钳制当中，取消政治，并贸然地将前述两者统合在一种新公民的定义当中，在此其中，每一个人以及所有人的权力与无能都必须被等同视之。

如此便显露当今在司法扩张当中被把持的另一个形式，也就指向治理行动的基础部分。事实上，我们都参与一种权利的复制与再定义的活动，旨在持续地制定法律、设定诸种权利、建立法治，以及在社会的整体回圈当中，确定司法的理想状态，并且调适和预期所有社会的运动。于是，只要可能的话，家事法就会寻求并预期新的心态与道德，进而使某些心态与道德所定义的联系成为可解的，这一切都将当事人连结起来以解决其问题。财产法不断追赶上联系着新技术的非物质性财产。专家学者的委员会以生命伦理之名召开会议，并向国会议员承诺将会厘清人类之人性的起源点。在此同时，议会代表们投票支持立法限制政党政治献金可能导致的贪污贿赂，但也支持禁止历史学家窜改历史。而关于劳动法一如工作的原义，它倾向维持"弹性"，这样的劳动法致力于适应整体经济的运作，以及就业市场的改变，进而拥抱一种劳工的流动身份，劳工也就总是处在兼职、失业或是半失业状况。这种适应不仅是指出如下的残酷现实：劳工若要拥有权利，首先就必须要先工作，而要工作，他们必须同意放弃禁止企业主雇用他们的权利。这样的调整也是法律在其观念上及其职能上的转化，法律的受益者及为其权利的奋斗者，转化为一种具所有权的个人，且等同于其公民义务的行使。因此，劳工的权利成为劳工的公民身份，当企业雇用他们时，他们也成为集体企业的利害关系人。更甚者，在工作合约的一般性与冲突性框架下，此公民身份就可以参与在职训练或就业契约。关于法律以及为权利而战的过时"顽固"，它们被对立于一种法律的弹性，亦即社会弹性的镜像反射，一种公民身份的弹性使每一个人成为缩影，此缩影将反射出共同体的能量，以及义务与其自身的等同，而这种等同的反射便如同诸多的权利。

于是，所有法律与法治国家的扩张，首先是一种法律形态的建构，在此发展中，其概念有时对既存形式不利。因此，它们也会是专家式国家之能力的扩张，如此透过专业的知识能力移除法律与事实的间距，而取消政治。一方面，法律卸除政治国家（l'État de la politique），同时一并卸除人民；另一方面，法律将占据所有的情境，以及所有可能的争议，将它们解析为问题的要素，并且将争议分子转化为社会的行动者，进而反射出共同体与其自身的同一性，同时作为他们活动的法则（loi）。此进程的扩张是以下等同关系的持续增强：真实与合理性的等同、司法与专业学者的等同，以及权利与保证体系的等同。此保证体系首先保证国家的权力，除了意外出错的状态之外，它总是以其无过失性来巩固此担保，并保证其不公正的不可能性。某种意外出错的状态，则借由持续咨询专家该如何处理并解决，进而事实上形成一种双重的正当性，不断地保卫自身。于是，便发生三种现象的结合：扩张的司法化、一般化专业知识的实践，以及无止境的民调演练。在此，法律与事实、现实与其图像、真实与可能性都变得无法区分。在法律秩序与事实秩序的精确一致性当中，专家式国家取消所有表象、主体化，以及争议的间距。那些国家在不断自我审核之中所放弃的，以及那些总以新的权利而得以指认的个人与团体，都将在正当化的过程当中再次获得。法律权力被逐渐地等同于此专家式国家之过度正当化（surlégitimation）的螺旋攀升，此攀升动力存在于法律与商业平衡管理之关系的生产所续增的等效当中，以及法律与现实固定的互相参照之中，此参照的最终结局就是单纯且朴素的民主"形式"，同时等同于臣服商业需求之管理的实践。在此动力的极致运作里，国家权力之法律证明就被等于仅仅证明什么是唯一可能做到的，在经济愈来愈受世界市场牵连的脉络下，国家权力的法律证明也仅是证明那些迎合世界市场所命令的绝对需求罢了。

因此，透过肯定其无能、肯定其所受制于世界之必然性的无从选择，国家权力的正当性便被巩固。共同意志的主题被替换为缺乏属己意志的主题，也就是说，除了必要性的管理之外，缺乏自主行动的能力。参照宣称业已尽了的马克思主义，这公然占据统治地位的自由主义重拾了客观需求的主题，并将之等同于世界市场的限制与多变。马克思引发议论的晚期论点指出，所谓政府是单纯的国际资本事务代理人，此论点如今已是明显不过的事实,且"自由主义者"(libéraux)与"社会主义者"(socialistes)都同意。政治绝对地等同于资本的管理,这不再是伪装于民主"形式"下的可耻秘密,而是被公认的真理。我们的政府借此获得正当性。在此正当性当中,能力的证明必需依赖一种无能的宣示。一个厨子有能力进行政治活动,或是单纯的工人鼓动造反,这些梦想都对立于一种遭到翻转的马克思主义论点,此论点指出:个人快乐的最大化要成为可能,唯有基于承认他们无能管理促成此最大化的条件。于是,国家将其职权建立在内化共同之无能的能力上,此能力决定了一个微不足道的领域,每一个人的成功,以及共同体联系的维持都依赖于此可能性的"微乎其微"。一方面,此"微乎其微"显得微不足道,而根本不值得白费力气同国家事务的管理者进行争执。但另一方面,它是被设定为具有决定性的微小差异,区分了未来的荣景与胁迫着我们的苦难,区分社会联系与其暗影中的混沌,这个微小的差异太具有决定性与维系性,不得不交给专家学者来处理。因为借由将 0.5% 的国民生产总额放在对的一边,他们就知道我们通过了图表线好的或坏的一方、从成功到失败的谷底、从社会和平到一般的关系解体。因此,充分的管理就变成等于危机的管理。它是唯一可能的必要性管理,必须持续夜以继日地预估、关注、计划、变更。"微乎其微"的管理也是法治国家与专家式国家之等同,以及国家权力与其无能之等同的持续宣示,国家权力内化的等同便是进取个人与契约团体的巨大权力,也等于作为政治行动者之**人民**(démos)的无权。

正是此同一性被后工业社会的悲观或乐观分析者所忽略。前者谴责社会关系的解体,起因于集体性限制与正当性的垮台,此垮台对应于个人主义和民主享乐主义没有限度的发展。相反，后者赞扬在商品的自由陈列、自由的民主普选权以及自恋式个人主义的憧憬之间持续成长的一致性。于是，它们都同意一种空的状态（un état du vide）、一种共同体正当性之空性的描述，即便可以被诠释为"一切人反对一切人"之战争状态的霍布斯式深渊，如同共同体之元－政治的终极清除。因此，这双方也都忽略了后民主的后设治安，便是以空（vide）与实（plein）的相等作为其特征。借由组成分子的整合性简化计算，以及使每一个组成分子都啮合在整体当中的反射关系，所谓空（vide）或是关系解体的状态，就正好是共同体完备（saturation）的状态。对那些哀叹共和公民身份之失落的人来说，后民主逻辑以一般化之公民身份的宣称加以回应。因此，借由共同体灵魂的活化，乡镇被召唤来体现都会文明，而等同于**城邦**（polis）共同体。公民企业被召唤来展现其生产力和适应力等同于建立共同体的持有份额，以及此共同体之缩影的构成。透过在地与联盟的公民身份，此要求传递给个人，并召唤它成为权利与能力、商品与**好处**（Bien）彼此循环流通，且不断交换之庞杂整体的一个缩影。在**自恋**的镜像当中，它是此共同体反射的本质。"个体"（individu）在此看见自身、它要求在此被看见，作为其自我的奋斗、如同一个小小的缔盟的力量，从一个环节跑到一个环节，从一次缔结到下一次缔结，同时也是一次快感到下一次快感。透过此个体，其所反射的便是共同体与自身的等同，社会能量网络与国家正当性回圈的等同。

因此，倘若共识逻辑是趋向"一切人反对一切人"的战争深渊的话，此看法的理由就完全不同于"悲观主义者"的理由。

问题不仅是"民主个人主义"决定了每一个个人期盼着国家所无法保障的满足,而是格外在于宣称法治国家与个人权利的等同,在于造成每一个人成为能量与权利之共同体灵魂的反射,问题正是共识逻辑四处设定和平与战争的界限,此界限就是共同体被曝露在其非真理之宣示处的断裂点。换言之,"关系解体"(déliaison)是其完备性的另一个名称,而且只会主张将个人满足与国家之自我证明的反射联系作为唯一的共存形式。"关系解体"指出的其实是联系狂热的负面宣示,联系的狂热把个人与团体放在一个没有缝隙的组织当中,没有名称与事物间、权利与事实间、个体与主体间的间距,在这当中没有间隔(intervalles),因为在间隔里,争议共同体与非反射性共同体的形式就可能被建构起来。透过对于"关系解体"的讨论,就可以了解为何契约的思想与一种"新公民"的观念,如今找到了特有的概念化领域:医疗的领域就运作了所谓的排除。因为,所谓"对抗排除"(lutte contre l'exclusion)也是悖论式的概念场所,在此其中,排除的出现,正好是共识的另一个名字。

共识的思维便利地在朴素的内外部关系当中再现何谓排除。然而,排除之名的关键并不存于外部者,而是区分/共享的模式,根据此模式便能将内部与外部连接起来。更甚者,当今所谈论的"排除"(exclusion)是最被此区分/共享(partage)所决定的形式。"排除"是此区分/共享自身的不可见性,抹除了记号,因为在一种主体化之政治部署当中,这些记号允许论辩共同体与非共同体的关系。治安逻辑曾经可以毫不掩饰地表达自身,如同波纳德(Louis Ambroise de Bonald)① 所说:"某些在社会中却不属于社会的人",或是基佐(François Guizot)② 的说法,所谓政治是"空闲之人"(hommes de loisir)的事务。这类区分/共享的界线区分出:一边是嘈杂、晦暗与不平等的私人世界;另一边则是**话语**(logos)、平等以及已分享之意义的公众世界。于是,排除得以被象征化,被争论地建构为两个世界的关系,以及它们争议性共同体的宣示。借由展现区分/共享以及挪用他者之平等的破坏性作为,未被计算者也可以被计算。相反,当今所指的"排除"是一种可再现之界线的缺席。于是,它根本地等同于共识的法则(loi)。实际上,共识的预设包含所有的组成分子与其问题,且禁止无分之分的参与以及未被计算者之计算的政治主体化。倘若不是如此,共识又是什么呢?整个世界都被事先包含进去,每一个个人都是意见、问题与权利之共同体的基本单位与图像,其中,意见便等于其组成分子,问题可简化到匮乏,权利则等同于能量。在此"没有阶级"(sans classes)的社会当中,将界线替换为单纯地仿效学校的分班,成为从最上层到最基础的位置连续体。在此,排除不再是可主体化的,也不再被包含于其中。在一条不可见、无法主体

---

①波纳德(Louis Gabriel Ambroise de Bonald,1754—1840)是法国的反革命哲学家和政治家。——译注

②基佐(François Pierre Guillaume Guizot,1787—1874)是一名政治家,他在1847到1848年间任法国首相。作为保守派人士,他在任期间,对内主张实行自由放任政策;对外则主张成立法比关税同盟,以对抗当时的德意志关税同盟,这些措施造成了国内和国外的不满。1848年爆发"二月革命",路易·菲利普的七月王朝被推翻,基佐也因而下台。——译注

化的线之外，人们不再被看见，此后仅能在接受辅助的众人集会里成为可计算的部分：这些人的聚集并不是单纯地缺乏工作、资源或住所，而是缺乏"身份"（identité）以及"社会联系"，它们无法成为有能力且得以缔结契约的个人，因为那种个人必须内化且反射庞大集体性的展演。于是为了帮助这些从自身当中被分离出来且缺乏"身份"与"社会联系"的人，为了填补这些从共同体当中分离出来的空洞，公权力致力于增额的完备。公权力特地给予他们其所缺乏之身份与联系的增补。于是，一种旨在恢复身份的个人医疗，便整合为旨在修补共同体组织的社会医疗体系，目的在于让每一个被排除的人重新取得一种具有动员能力与义务的身份，且在所有被舍弃的住宅区设立一个具有集体性义务的基本单位，于是，被排除者与被舍弃的边缘郊区成为一个"新的社会契约"与一种新公民身份的典型，且此典型就建立在个人义务与社会联系之网络崩解的关键点上。某些有卓越才智且勇敢的人被雇用其中，他们的成果是不容忽视的。当社会与个人的困境意味着完备作用不间断的努力，以及无条件要求动员的根本效应时，此新公民身份的典型仍然是以下逻辑的循环：此逻辑四处施行增补，在社会的层次上补遗联系，在个人的层次上增添积极性；它仍是疾病与健康之等同的证明，以及共识之完备性的规范与苦难身份的舍弃之间的等同的宣示。一切人反对一切人的战争，也就是每一个人的建构当中对于共同体的威胁，它基本上还是被对应于共同体的共识要求，且完整地被实现为反射人民与人口的同一性。共识社会要求对偏差的消除，便等同于社会共识的绝对化。

透过种族主义与仇外心态的新生形式粗暴地入侵我们的共

识体制，上述的等同便得到阐明。这种入侵无疑可以找到各种经济学或社会学的理由，诸如失业率造成人们指责外国人占去当地人的职缺、过度的都会化、边缘郊区与市郊住宅区的遗弃。然而，所有这些归咎于政治现象的"社会经济"因素，事实上都指出铭刻在具体的感受性区分/共享之政治问题当中。工厂与其消失，工作作为身任职位以及工作作为共存的结构，失业作为工作的缺乏以及"身份的困境"，借由劳动者与其工作岗位之距离所定义的空间以及共同可见之场所的空间，劳动者在这些空间当中分配又再分配，这一切都涉及以下两者间的关系，一者是感受性的治安部署，另一者是争议对象与争议主体在此建构其可见性的可能性。这一切要素之组合的特征属于一种可见性的模式，它不是遭到消解，就是被指控为外来者的他性。以此基础，便认为能够简单地推论因为过量的移民造成人们的不悦。显然，产生此不悦的开端并无关于统计资料。移民的数量几乎跟 20 年前一样，但它们有了另外一个名字：他们被称作移工，或简单地总称工人。现今的移民者一开始就是一个已失去其姓氏的工人，且已失去其身份与他性的政治形式，亦即，未被计算者之计算的一种政治的主体化形式。于是，它所剩余的仅是一种社会学式的身份，且坠入一种不同种族肤色的人类学式赤裸当中。它已失去的便是其人民、工人或无产者之主体化模式的认同，此主体化模式同时认同被宣告为偏差的对象**以及形构争议形式的主体**。正因失去这般"**多于一**"（un-en-plus）的主体化过程，便判定了此一"**超额**"（un-en-trop）的建构对共同体有害。阶级斗争之"神话"的终结已被大肆地庆祝，甚至将都市地景中消失的工厂等同于神话与其乌托邦的清除。但或

162 许现在就该开始察觉此"反乌托邦主义"是多么的天真。所谓"神话"的终结,它是集体空间之可见性形式的终结,是政治学与社会学之间、主体化与身份之间的间距之可见性的终结。人民"神话"的终结,作为工人的不可见性,它是主体化模式的非-场所(non-lieu),因为此主体化的模式允许排除者的被包含,以及未被计算者的被计算。表象与争议之主体化的政治模式的抹除,在他性的真相里,已造成残暴性的再次出现,且已无法再将之象征化。于是,从前的工人被一分为二:一方面是移民者;另一方面是新的种族主义者,社会学家们便意味深长地以肤色给予他们另一个标签,称之为**"白渣"**(petit Blanc),这个名字本来属于法属阿尔及利亚那些微薄薪资的白人殖民者。这个曾被认为作废而排除于可见性之外的区分,以更为赤裸之他性的古老形式再次出现。立意良善的共识徒劳地召开圆桌论坛来讨论移民者的问题。这个论坛的场所总是千篇一律的,只是疗愈与患病的恶性循环。后民主将移民"问题"的对象化连接上一种根本他性的固着,也就是一种前于政治(pré-politique)且绝对的仇恨对象。在同样的运作当中,他者的形态,在纯粹种族主义式的回拒当中被夸大;在移民的问题处理当中消散。在无法容忍之差异的赤裸当中,他者新的可见性基本上就是共识运作下的剩余物。此新的可见性"合理"且"和平"地在真相的完整曝露当中抹除其表象,在人口的简化计算当中抹除人民的错误计算,以及在共识当中抹除争议,共识便将根本他性的野兽拴在政治的缺陷上。此新的可见性是人口永无止境地普查的简化计算,在人民被宣告作废的位置上,生产了名为"法国人"(les Français)的主体,伴随着关注哪一个次长即将上台之"政治"未来的预知,并参照某些决定外来者之过量,以及对之镇压不足的良善意见,此"法国人"主体便展现其自身。当然,在媒体体制当中,这些意见也是意见本质的展现,其本质同时是真实也是拟像。意见主体参照真实/拟像的同一个模式,说出他对黑人与阿拉伯人的想法,依据于此,它被邀请来倡言其妄想,且只要按下四个数字与四个字母,就能完全满足其妄想。因此,表达意见的主体是此新的可见性模式的主体,此可见性的模式被一般化地显示,主体被召唤来完全地依据其妄想而生活在全然展现同时身体逐渐聚合的世界当中,此主体生活在快感所彰显与承诺的"一切皆有可能"（tout est possible）当中。然而,基于快感的本意,这当然也指出此承诺就是一场欺诈,主体被引诱去猎捕"败坏的身体",这些所谓邪恶的身体本于完全性的满足被四处散播,它位于可捕捉之范围的各处,但也从四处窃走主体所捕捉到的。

因此,先进社会的新种族主义所拥有的独特性,成为共同体与自身等同之诸多形式的交会点,在此交会点定义共识的典范,它也汇聚背弃此同一性的形式,以及此背弃之补偿代价的形式。于是,以法律（loi）来完成此汇聚的过程是十分正常的,这正指出,让共同体的反射模式统一起来,并与其**大他者**（Autre）区分开来。借由处理移民问题,法律想当然地被设定为正义与和平的作用。从定义在整合与排除上的规则,直到今日交付给机运的或然率及规律的不等性,法律要求将特殊性带入其普遍性领域当中。借由区分好的外来者与不受欢迎的外来者,法律想要缓和种族主义的怒气,且一并讨好每一个人。但问题是,在仅能以塑造无法确认之**大他者**的形象作为代价的状况下,歧视本身才能成立，进而促发恐惧与回拒的感觉。法律旨在解决"感觉"（sentiment）的混杂，它必须以借取其对象且统一其对象的模式作为代价，来塑造此无法确认之**大他者**的形象，它甚至无需参照任何关于他者之不可容忍性的异质性案例的根本概念，便将其对象归纳为一种大他者概念的统一性。根据这般共识体系建立的法律，也是自我关系之类型的确认，自我关系建构了共识体系本身。共识体系的原则在于建立法律的"一"（Un de la loi）与感觉的"一"（Un du sentiment）彼此永久的可转换性，进而定义共同的存在（être-ensemble）。于是，共识法律的工作首先在于建立图式，将不甚确定而欲以回拒之感受的"一"转化为共同法律的"一"（Un de la loi commune）。诸如北非马格里布裔的少年犯罪、斯里兰卡的非法劳工、穆斯林的一夫多妻制以及法国人社群强加于马利劳工家庭的负担等异质性案例，借由把这些案例统一起来，这个图式就把无法溯迹的"移民者"建构起来。进行转化工作之执行者的运作就如同取缔"偷渡者"一般，将外来者的形象与犯罪者的形象统一起来，并建立起图式提交给法律作为其对象，且让此对象等同于感觉的对象：因为感觉的对象是极为丰富的多样形态，且不断无序地复制自身。如此一来，作为达成协议而缔结契约之权力的"**规范**"（nomos）秩序，以及作为共-感力量（puissance de consentir）的"**自然**"（phusis）秩序，共识法律的图式将两者绑束在一起。共识是自然与法律的循环关系，法律的工作便是决定反自然（antinature），而此决定取决于在自然当中感受到的无法忍受。法律透过在**自然**（phusis）中分离出反自然来完成这项工作，其中，**自然**被理解为孕育一切的力量，而所谓反自然就是多样繁殖的力量。法律对自然的处置是要指出自然自发地对法律的有害之处，也就是不断自我再生产的杂多性（multitude）。针对于此，最早古罗马法学家们已发明一个词："**普罗列塔利亚**"（proletarii）：一群仅依赖自身繁殖而不事生产者。这些人仅繁殖再生产其自身属已的多样性，当时基于同样的理由，他们便不配被计算。然而，为了制成一种政治主体，现代民主再次高举这个词；借由这个词，一种独特的多样性将未被计算者纳入计算；一种将生产与再生产之身体从它们自身疏离的运作，同时一种分析区隔了共同体本身。后设政治已将这个词转化为驱散政治假象之真理运动的超－政治主体（subjet ultra-politique）的暧昧形象。然而，为了将共同体与其自身扣连在一起，后设政治的虚无主义式实现，亦即共识性后民主，展开对这个词的取消，并且将这个词的形象送回其最初的来源：事实上，这既不及于民主，也不及于政治。

第六章
在其虚无主义时代的政治

La politique en son âge nihiliste

再重述一遍：政治存在于，社会的部分（parts）与组成分子（parties）的计算被那些无分者之分（une part des sans-part）的算入打乱的地方。而当任何一个人与另一个人的平等嵌入人民的自由时，政治便已展开。这个人民的自由是一种空的属性、一种不属己的属性，借此那些什么都不是的人，将他们的集体等同于共同体全体。一旦独特的主体化形式更新了等同的最初铭刻形式——那共同体全体和将共同体分裂的一无所有者之间的等同，而这也正是对于共同体组成分子的计算——政治便已存在。然而，在这个间距不再发生、整个共同体毫无剩余地被归并为其组成分子的总和之处，政治也就消失了。有各式各样将全体设想为只是其组成分子之加总的方式。这个总和可以由个人组成——那密集运用其自身欲望、追求和享受之自由的小机器。它也可以由社会团体组成，透过彼此作为负责的合作伙伴（partenaires）来组织其利益。它也可以由共同体组成，而每个共同体都拥有对自己身份和文化的承认。就这个观点而言，共识国家是宽容的。相对的，它所无法宽容的是那些额外的组成分子，那些使共同体的计算出现差错的组成分子。它需要的是真实的组成分子，其同时拥有自身的属性和全体的共同属性。它所不能宽容的是，一无所有却作为全体。共识系统奠基在以下的坚实公理之上：全就是全，无则什么都不是。透过清除政治主体化的寄生实体，人们一步一步地达到了全体和全体的同一,也就是全体的原则和其每个组成分子、全体的权利拥有者之原则的同一。这个同一/身份(identité)的名字就叫做人性。

失望由此展开。共识系统曾一度欢庆着它对于极权主义的胜利:那法治对于无法治、现实主义对于乌托邦的最终胜利。它准备在它摆脱了政治且名之为欧洲的地方,迎接那诞生自极权国家之崩解的民主。然而,它现在将几乎所有从极权主义和乌托邦解放的人性景观,都看作是身份认同的完整主义(intégrismes)的景观。①在极权国家崩解的地方,族群主义与族群战争爆发了。不久前才被奉为苏联扩张之天然屏障的宗教与宗教国家,现在具有了完整主义的威胁形象。这个威胁甚至就在共识国家的核心:到处都生活着只具有移民身份的劳动者,处处都是实在无能回应成为自身完整性之斗士的要求的个人。面对这个威胁,共识共同体目睹了对那些无法容忍的族群或宗教的全然排斥的复苏。共识系统将自身自我再现为一个面对无法治世界——一个在身份认同、宗教或族群上原始野蛮的世界——的法治世界。然而,在这个主体被严格地等同于其族群、种族或神的子民的世界中,在这些为了占领其身份认同者的分裂者之全部领土而发动的部落战争中,共识系统也见到了它合理之梦的极端讽刺画:一个清除了多余的身份认同、居住着拥有依其名称所表达之属性的真实实体的世界。超越了**人民**(démos),共识系统自此宣告一个由只显示共同人性的个人和群

---

① intégrisme 原本指的是天主教中的"完整主义",亦即主张对于基督教传统教义体系进行完整保存和严格奉行的教派。而在当代流行的用法中,则多半等同于基本教义派(fondamentalisme)或狂热主义(fanatisme),且不限于宗教性的。——译注

体所构成的世界。它只忘了这件事：在个人和人性之间，永远存在着感知的区分/共享（un partage du sensible），亦即，决定组成分子参与（ont part）共同体之方式的形构。这个区分/共享的模式主要有两种：算入那些无分者之分的模式和不算入的模式，亦即**人民**（démos）或**族群**（ethnos）。共识系统一直以来都将它的扩张设想得无远弗届：欧洲、国际社群、世界公民，以及最后的，人性——全都是等同于其元素之总和的全体的名字，而每个元素都拥有全体的共同属性。然而，它现在所发现的，则是一个全体与一无所有者合而为一的新的、激进的形象（c'est une figure nouvelle, radicale, de l'identité du tout et du rien）。这个新的形象，这个全等于无、**完整性**（l'intégrité）处处受迫的非政治形象，从今而后，也叫作**人性**（humanité）。人"生而自由却无处不在枷锁之中"，已经变成了人生而为人却处处成为非人。

超越民主争议的形式而实际上扩展开来的，是一种等同于其自身的人性的统治。它直接归属给每一个人，又将每一个人暴露于它的灾难之中：一个由其阙如所栖居的全体，一个处处自我展示和证明为被否定的人性。关于错误（le tort）的伟大主体化的终结，并非"普世受害者"的时代的终结；相反，这是它的开端。战斗式民主的时代曾以一整个系列的论战形式辨明何谓"人在权利上生而自由平等"。①"我们"曾经采用过许多不同的主体名称，来验证"人权"（droits de l'homme）的争议力量、检验平等的铭刻、追问人权是否就相当于公民权、它是否是女人、无产者、黑人男性和黑人女性的权利……因此"我们"曾经赋予

---

① 1789 年法国大革命《人与公民权利宣言》第一条。——译注

了人权所有它可能具有的力量：那透过在争议案件的建构中，在平等铭刻有效的世界和无效的世界的连结中进行其论辩和展示/示威（manifestation）的力量所加以扩充的，平等铭刻的力量。另一方面，"人道主义的"（l'humanitaire）统治则开始于，人权被削除了其普遍性所具有的论战性独特化之全部能力的地方，也就是平等主义的语句不再在展示其争议效力的关于错误的论辩中被朗读、诠释的地方。从此以后人性不再被论战性地归属给女人或无产者、**黑人**或世间一切苦难者。人权不再自我证明为政治的能力。述词"人的"（humain）和"人权"只是简单地、不经任何造句和媒介地被归属于其权利的拥有者，也就是主词"人"（homme）。"人道主义"的时代，是受苦人性的任何案例直接等同于人性主体及其权利之完整性的时代。因此，单纯的权利拥有者就只能是无语的受害者，作为被排除于**话语**（logos）之外者的最后形象。他只拥有表达单调呻吟/控诉（plainte）的声音、那赤裸受难的呻吟/控诉，而饱和已让它无法再被听见。更准确地说，这个"人的"所归属的"人"，可以总结为以下配对：一边是受害者，作为其人性被否定的悲惨形象；另一边则是加害者，作为否定人性的怪物形象。就其观点而言，"国际社群"的"人道主义"政权因此执行的是人权的行政管理，一方面运送粮食和医药，另一方面，较罕见地，运送空降部队。①

---

①我们必须运送食物和医药给那些需要的人，而许多有着卓越能力和奉献精神的人费心尽力于这些重要的任务——这些都毫无疑问，也不会在此受到质疑。这里所讨论的完全是另一回事：将这些活动涵摄于**人道主义**的范畴中作为**国家现实政治**（la realpolitik）的对偶/假宝石（doublet）。

从民主舞台进入人道主义舞台的转变，可以从一种声明模式的不再可能来予以说明。在法国六八学运之初，示威者曾经将其主体化形式的定义总结为一句话："我们都是德国犹太人。"这句话清楚地阐明了政治主体化的异论模式（le mode hétérologique）：借由公然声称这个污名化敌人的用语——这个用语是用来标示以追查那些闯入的入侵者，他们闯入了各种阶级和**其**党派（partis）彼此算计的舞台——政治的主体化将其扭转而实践了一种对于未被算入者的开放性主体化，构作了一个不可能和任何真实的社会团体、任何的身份清单混淆的名字。然而，一切的情况都显示，这类的用语在今天基于两个理由将无法再被提起。首先，它不准确。曾经如此发言的并不是德国人，而其中大多数也不是犹太人。然而，在那之后，无论是进步还是保守的倡议者就都已承认，唯有那些能够亲自发言、自己说出自身身份的真实团体所提出的诉求，才具有正当性。此后，没有人有权自称为无产者、黑人、犹太人或女人——如果他不是这些人、如果他不具有其先天性质和社会经验的话。对于这条真实性的规定，"人性"无疑是其例外：它的真实性是成为无言，而它的权利则被还给国际社群的警察。在这里出现了第二个理由：这句话此后之所以不能再提，是因为它显然不得体。今天"德国犹太人"的身份直接就意指违反人性罪的受害者身份，以至于没有人能知道该如何宣称而不至于亵渎它。它不再是一个可以用作政治主体化的名字，而是一个悬置了此主体化的绝对受害者的名字。歧义的主体已成为禁制的名字。人道主义的时代是一个绝对受害者的思想禁止了关于错误的主体化论战赛局的时代。那曾经名之为"新哲学"（nouvelle philosophie）的篇章完全可以总结为以下规定：大屠杀的思想就是打击卑劣思想和禁止政治的思想。①这个关于无可弥补者的思想因此复制了共识现实主义：政治争议基于两个理由而不再可能：其一，因为它的暴力瘫痪了组成分子间的理性协议；其二，因为在它的论战具体化中所产生的戏谑侮辱了绝对错误的受害者。政治因此必须在大屠杀前让步，而思想在不可思前屈从。

只是，借由从属于仅仅计算组成分子的共识逻辑，对从属于种族大屠杀之不可思的伦理/人道主义逻辑所进行的复制，开始呈现出一种**双重束缚**（double bind）的样貌。确实，角色的分配可能可以让两种逻辑分头进行。然而这里的前提仍旧是，没有任何煽动者去抨击它们的交会点。这个他们所指向的点，恰恰就因为它们努力地不去看而得到证实。这个点，就是将违反人性罪的可思性视作种族灭绝的完整性（Ce point, c'est celui de la pensabilité du crime contre l'humanité comme intégralité de l'extermination）。也就是在这个点上，历史否定主义的煽动展开了攻势。它挥舞着关于种族灭绝之穷尽计算的不可能性及其作

---

① "新哲学"是20世纪70年代法国以 Bernard-Henri Lévy 为首的一群青年知识分子所提出的口号，以反马克思主义为其核心宗旨。曾经参与毛主义政治活动的他们，在现实共产政权对于反抗者的压迫事实（特别是斯大林政权下的古拉格［Gulag］劳改营）公之于世之后，转向将马克思主义视为其宰制性的意识形态根源。但批评者（如德勒兹）认为这群"新哲学家"的狂热批判姿态和媒体表演远高于其实质内涵。在将权力、科学、语言与理性等同于宰制权威、古拉格和马克思之余，他们彻底弃绝政治而转向道德、伦理与宗教。"新哲学"于是仅成为20世纪70年代昙花一现的一股流行风潮，并未真正提出"新"的另类方案。——译注

为一个思想的不可思性的双重论点。它坚持着使违反人性罪的受害者在场（présentifier），和提供刽子手为何犯案之充分理由的双重不可能。透过这样的论证策略，历史否定主义重新还给了可能性的管理者和不可思的思考者它的逻辑。

这事实上就是历史否定论证展演的双重紧缩策略，用以否定纳粹集中营中犹太人种族灭绝的实际状况。一方面，它玩弄着关于无尽算数和无限切分的古典诡辩学派吊诡。①早在1950年，保罗·拉西尼（Paul Rassinier）就已将其全部论据确立为一连串的问题形式，其答案每每显示，即使过程中的每个要素都被证实，它们之间的关联性也不可能被完全建立，更不用说它们作为一个具有完整设计且内含于每个步骤中的思想计划的结果。②确实，拉西尼说，有纳粹鼓吹灭绝全部犹太人的宣言。但宣言本身却不曾杀死任何一个人。确实有毒气室的计划，然而

---

①朗西埃在这里所指的似乎是公元前5世纪的思想家埃利亚的芝诺（Zeno of Elea）所提出的关于多元性（plurality）的吊诡：如果世界上存在有多数事物的话将会产生的吊诡。这个吊诡分为两部分：有限与无限的吊诡和大与小的吊诡。前者指的是，如果世上有多数事物的话，其数目将既是有限的，又是无限的；因为两个事物若要能区分开来，其间必须要有第三个事物，并可无限推衍。后者则是如果世上有多数事物的话，其大小将既无限大又无限小；因为事物存在必有大小，而有大小必能切割成部分，而部分之间又可以再结合，并可无限推衍。埃利亚的芝诺（Zeno of Elea）以此指出一般人认为世上存在多数事物的看法的谬误。这两个吊诡似乎就相当于朗西埃在这里所谓的无尽算数和无限切分的吊诡。——译注

②保罗·拉西尼，《尤里西斯的谎言》（*Le Mensonge d'Ulysse*），第二版，Macon, 1955.

毒气室的计划和实际运作的毒气室，就像是可能的一百塔勒①和真实的一百塔勒一样，是两码子事。确实，在一些集中营中真的设置了毒气室。然而一个毒气室只不过是一个人们可以用来做各种不同事情的毒气厂房，就此并无法证明它具有集体灭绝的特殊功能。也确实，在所有的集中营中都存在着定期规律的筛选，其结束之后被监禁者就消失不见。但有上千种杀人或只是让人死去的方法，而那些消失的人永远都没办法再告诉我们他们是如何消失的。最后，确实在集中营中有监禁者真的是被毒死的。但是没有证据可以证明他们是一个系统性的完整计划的受害者，而非只是死于单纯的残暴酷刑。

我们应该暂停一下，好好看看这个论证展演的双重紧缩：拉西尼在1950年宣称，我们缺乏能够建立所有这些事实间的连结而使其成为一个独特事件的文件。他还补充说，我们很可能永远都找不到这些文件。然而，从那时起，充分丰富的文件却陆续地被发现。然而历史修正主义的煽动却仍然不愿让步。相反，它知道如何找到新的信徒或新的容忍度。它的论证愈是在事实层次上显露出矛盾，它的真实力量就愈得到承认。这个力量触及到了关于历史事件的信仰体制本身：根据这个体制，一连串的事实得以被证实为独特的事件，而一个事件得以被涵摄于可能性的范畴之中。它所触及到的是两种可能性必须被相互校准的点：一为犯罪的物质可能性，是为其序列的整体连锁；一为犯罪的理解可能性，依据其被定性之违反人性的绝对罪行。历史否定主义之煽动的持存，因此并非透过它对其对手陆续累

---

①塔勒（Thalers），日耳曼帝国时的大银币名。——译注

积的证据所提出的反证。它之所以屹立不摇,是因为它将此处各个相互对立的逻辑导引到了一个关键点,其中不可能性在它的诸般形态中被一一证实:无论是连锁中的跳跃,或是思考此连锁的不可能。它因此迫使这些逻辑相互错身换位,其中可能性总是眼看着自己被不可能性所捕捉,而事件的证明则被它不可思的思想所掳获。

第一个困境是那关于法律和法官的困境。法国舆论对于那些释放前民兵杜非(Touvier)的法官感到十分愤慨;他被以"违反人性罪"起诉。①然而在气愤之前,我们应该要先对涉及这样一个事件的法律、政治及科学之间的独特关系形构有所反省。最初与战争罪相连结的"违反人性罪"的法律概念,已经从战争罪脱离,以便让那些因为法律时效或国家赦免而免除刑罚的犯罪得以被追诉。不幸的是,法律本身对于作为犯罪对象的**人性**完全缺乏定义。犯罪的证明,因此完全不是基于证明了那受害者身上被侵犯的人性,而是基于证明了犯罪行为人在其执行犯罪行为的当时,是在执行着"实践某种意识形态霸权政治"的国家所策动的集体意志。法官因此被要求成为历史学家,以确立这种政治的存在,以追溯从国家最初的计划到其某个官

---

① 保罗·杜非(Paul Touvier, 1915—1996),在 1944 年担任里昂民兵第二处区队长(Chef régional du 2e service de la Milice à Lyon)期间,从事拘捕犹太人和镇压反抗军的任务。曾在纳粹命令下逮捕杀害"人权联盟"(Ligue des Droits de l'Homme)创办人、81 岁的犹太哲学家 Victor Basch 和他的妻子,以及指挥另一起杀害 7 名犹太人的行动。在 1994 年违反人性罪的审判中,他被判处终身监禁,两年后死于狱中。——译注

员的行为之间的连续性,从而也冒着再次陷入无限区分之困境的危险。第一批审判民兵杜非的法官,并没有找到一条从维希法国的诞生到其民兵行为之间的"意识形态霸权政治"的连续线。第二批法官则透过将杜非当作纳粹德国的直属执行者来解决问题。被告在为自己辩护时指出,基于他所做的要比被策动的集体意志要求他做的来得**少**,他已然证明了自己的人性。而现在假设一个被告提出相反的辩护理由,说他做得更**多**,他的行动并非出自命令或意识形态的动机——那么基于纯粹个人性的虐待狂,这个被告将只不过是一个一般的禽兽,因此同样得以逃脱违反人性罪的法律范围。这也证明了法官要使违反人性罪的行为人成为受刑人是不可能的。

法官和法律的困境,因此成为这件事所要求的科学的困境,也就是历史学家的科学(la science historienne)的困境。历史学家作为专家提供了所有确立和连结事实所需的证据。并且,作为科学团体,他们也对历史否定主义者的伪科学方法做出了抗议。我们因此可以问:那么为什么许多国家还需要立法禁止否定种族灭绝的历史伪造?答案很简单。正是那能够提供一切反证来驳斥一般法庭上之一方的历史,显示出它偏偏无法回答两个抗辩:一为将一个个事实连锁在一起的事实序列,永远无法达到可以构成一个独特事件的地步;另一则是,一个事件唯有在使其可能性成为可能的时代中才会发生。而这个历史之所以无法回答,是因为这两个抗辩和它据之以为科学的信仰体制却是完全一致的。这个信仰体制就是:将一个思想之现实有效性的可思特征,从属于它的时代使之成为可能的可能性(celui qui soumet le caractère pensable de l'effectivité d'une pensée à la possibilité que son temps la rende possible)。

这就是历史否定的论证展演所玩弄的双重松解。透过将种族灭绝思考为属于其时代的现实的不可能，完整证明种族灭绝事件的不可能性得到了支持。将形式因与材料因分开、动力因与目的因分开的吊诡，如果只是重申四因不可能统一于一个具有充分理由的唯一原则的话，很快就会耗尽其力量。①在关于毒气的组成成分和其生产足量之方法的诡辩之外，历史否定主义的煽动诉诸的是历史学家的"理性"（raison），以便质问他：作为一个博学多闻的人，他能否在我们的世纪中复杂的工业和国家体系所遵从的诸多合理性模式（les modes de rationalité）里，找到那使一个现代大国致力于标示与大量灭绝一个根本敌人的必要和充分理由。握有一切用以回应的事实的历史学家，因此发现自己陷入了统治历史学家之理性的观念陷阱当中：一个事实要能够被证明，它必须要能够被思考；它要能够被思考，它必须要属于它的时代所能够思考的对象，亦即对它的指责没有时序错乱。吕西安·费弗尔（Lucien Febvre）在一本名著中坚称，拉伯雷（Rabelais）不是一位无信仰者。②并不是因为我们有

---

① 亚里士多德在探讨自然时提出了四因说，作为解释自然现象发展的因素。举例而言，一栋房子的材料因是它的材料；动力因是建筑者（更准确地说，是建筑者灵魂中的形式）；形式因是蓝图；目的因是供人居住。——译注

② 吕西安·费弗尔，《16 世纪的无信仰问题：拉伯雷的宗教》（Le Problème de l'incroyance au XVIe siècle. La religion de Rabelais），Albin Michel，1942。更详细的分析请参考雅克·朗西埃，《终结／目的与无的陈述》（Les énoncés de la fin et du rien），收录在《虚无主义的穿越》（Traversées du nihilisme），Osiris，1993。

证据可以证明他不是——这样的真理是法官的事，而不是历史学家的事。历史学家的真理是，拉伯雷不是无信仰者是因为他不可能是，是因为他的时代并没有提供这样的可能性。由一个单纯的无信仰立场所构成的思想事件之所以不可能，是基于这个真理：一个时代使之成为可能者的真理，一个时代允许其存在者的真理。离开了这个真理就是堕入了历史学家的科学眼中的罪恶深渊：时序错乱之罪。

人们又是如何从这样的不可能性过渡到曾经发生种族灭绝的不可能性呢？绝对不只是经由挑衅者的倒行逆施，将理性论证带到了荒谬和丑闻的地步，同时还借由真理的后设政治体制的复返。吕西安·费弗尔的真理是社会学有机论的真理，是将社会再现为由集体心态和共同信仰的同质性所支配的群体（corps）的真理。而这个充实的真理已经成为了一个空洞的真理。所有个别思想必然附和其时代的共同信仰体制，这恰恰已经变成了一种否定式存有论之论点的空洞：就其时代而言没有可能者即不可能。不可能者则没有可能曾经存在。这种否定式存有论论点的形式游戏，因此呼应了以下的"合理"（raisonnable）意见：像德国这样一个伟大的现代工业国家，完全不需要发明出灭绝犹太人这般的疯狂行动。驳斥了说谎者一切证据的历史学家并无法根本地驳斥这个谎言，因为他无法驳斥支撑这个谎言的真理观。历史学家为法官带来了他所缺少的事实关联性。然而，同时，历史学家的合理性（rationalité）却将事实连锁的合理性转移到了其可能性的合理性的层面。①因此法律必须禁止伪造历史。简言之，法律必须做历史学家无法做的工作，而历史学家原本被要求从事的却正是法律无法做的工作。这个双重困境，无疑只是法与科学从属于某种信仰体制的标记，亦即，合于共识系统的信仰体制——实在论/现实主义（le réalisme）。实在论/现实主义声称是忠于可观察之现实的健全心态。事实上，它完全是另一回事：它是秩序的治安逻辑，其无论在什么情况下都断言只能做那些有可能做的事。共识系统已经吸收了最近的历史与客观必然性，而其被约减到情势所允许的"唯一可能"（seul possible）的稀薄程度。可能性因此就是"现实性"和"必然性"的概念交换器。而它也是完全实现了的后设政治能够提供给治安秩序逻辑的最后一种"真理"模式：不可能者之不可能性的真理（la vérité de l'impossibilité de l'impossible）。现实主义是将所有的现实和真理吸纳至唯一可能的范畴之内。并且，在这个逻辑之中，可能/真理被要求依其学术权威填补可能/现实中的所有空白。管理式现实主义的表现越是不明确，它就愈必须透过单调地重申不可能者的不可能性来正当化其自身，即便必须透过法律的微薄屏障来保护这种否定式的自我正当化——由法律来决定真理的空洞

---

①饶富意义的是，在法国是由研究古代的历史学家皮耶·维达-那克（Pierre Vidal-Naquet）从事对抗历史否定主义的斗争［特别是在《记忆的凶手》（*Les Assassins de la mémoire*. La Découverte, 1987）一书中］。要质问历史否定主义的挑衅者所诉诸的真理类型，无疑需要透过对于古代有关**伪**（*pseudos*）的思想之熟稔所提供的距离，以此对照于心态和信仰的历史-社会学合理性。

必须停止的点，亦即不可能者的不可能性之论点所不得逾越的界线。也就是在这里出现了一个诡异的现象：在法律致力于扫除一切"禁忌"的时代中，却存在着一条禁止说谎的法律，即便正是这些禁忌将法律从一个献身于各种亵渎之无穷快感的社会之中分离开来。在此成为关键的，并非对于受害者或神圣恐怖的尊敬，而是对于最脆弱的秘密的保存，亦即那作为后设政治的最后真理和唯一可能之管理机制的终极正当化基础的，不可能者之不可能性的单纯无效。不只剥夺了历史否定主义者的言论，这个禁令更禁止了人们展示不可思之论点的纯然空洞。在大屠杀的骇人中，根本没有什么在可思之外；也没有什么能够超越结合了残酷和懦弱的能力，一旦其受助于现代国家部署中的一切管道。在算入不算数者的非身份认同式的主体化形式崩溃之处，在民主的人民被编入族群的人民之处，没有什么是这些国家做不到的。

阿伦特式（arendtien）"恶的平庸性"（banalité du mal）的论点无疑仍然无法满足人们的知性。①这个论点已经饱受批评，认为它将针对一个特定受害者的过分憎恨庸俗化。然而，这个论点本身是可逆转的。犹太身份遭到纳粹种族灭绝的清除，和

---

① 汉娜·阿伦特（Hannah Arendt）在评论集《艾希曼在耶路撒冷：一份关于恶的平庸性的报告》（*Eichmann in Jerusalem: A Report on the Banality of Evil*）一书中提出"恶的平庸性"的说法来探讨纳粹战犯艾希曼的罪责。在阿伦特接受《纽约客》杂志（*The New Yorker*）的委托采访整个审判过程后所写的专栏评论中，她认为从事消灭犹太人政策的规划与执行的艾希曼并不是一个毫无人性、穷凶极恶的杀人狂，而只是一个缺乏思考与判断能力的盲目服从上级命令的平凡公务员。因此问题不在于某种积极的邪恶心性，而在于消极地不发挥想象他人感受与自我反思的心智能力。——译注

日常反犹主义的幻想并没有什么不同。因此这个特定的差异是在对于种族灭绝的手段的整备能力上。毕竟知性在这里并不需要被满足，而问题也不在于解释种族屠杀。问题显然是被从错误的反方向提出。种族屠杀并非今日发生的重大事件所强加于我们思想的对象，同时带来扰乱政治和哲学的效果。毋宁是国家对于政治的重新吸收，加上其剩余或人道主义分身，才使得种族屠杀成为哲学的关注，并以伦理之名怂恿哲学在某种程度上处理法律与科学在此剩余中所无法企及的事物。这个剩余乃是人性与非人性的同一，而共识国家则将它交给哲学操心。我们应该要从这个观点为这个讨论定位。没有与不好的相反的"好的"种族屠杀解释；只有进入或不进入不可思的圈子中的各种安置思想与种族屠杀事件之关系的方式。

关于这个"不可思"的游戏的复杂性已经在让-弗朗索瓦·利奥塔（Jean-François Lyotard）的一个文本中相当充分地阐明。①对他而言，所有关于大屠杀的反思都必须思考受害者的特殊性、那灭绝犹太人民计划的特殊性：犹太人民作为人类面对**他者**的原初债务的证人，作为犹太教所见证之思想的初生无力的证人，而对此希罗文明总是渴望遗忘。然而在这样的阐述中有两种思想对于事件的分派模式纠缠不清。问题似乎最初被置于已发生的种族屠杀事件所要求的记忆或遗忘的形态。在不去烦恼如何"解释"种族屠杀的情况下，重点因此在于衡量种族屠杀的想法对于西方哲学对其自身历史的反省所能具有的效果。

---

① 让-弗朗索瓦·利奥塔，《海德格尔与"那群犹太人"》（*Heidegger et les juifs*），Galilée，1988.

然而一旦这个历史被以压抑的方式来思考，"犹太人"的名字就成了对于这"被遗忘者"的证人的名字，而这"被遗忘者"是哲学所欲遗忘的必要遗忘。大屠杀因此发现自己被赋予了欲望摆脱此一被压抑者的"哲学"意涵，而必须去消灭作为**他者**的人质之处境的唯一证人，即便这个处境乃是思想的原初处境。受害者、人质／证人的"哲学"身份，因此成了犯罪的理由。她是那思想之无力的见证人，而文明的逻辑下令将她遗忘。也因此在犯罪的力量和思想的无力之间建立起了一个双重结点。一方面，事件的现实再一次地被放入原因的决定与结果的证实之间的无尽间隙之中。另一方面，对其思考的要求，在思想遭遇对其本身的无力之否认的巨大效应时，恰恰成为了思想将自身封闭于一个不可思之新形象的所在。在事件命令思想去想的事物和已如此自我命令的思想之间所建立的结点，因此让自己陷入了伦理思想的圈套之中。伦理是为了使思想忆起其初生的无力而夸大了犯罪的**思想**内容的思想。然而，透过作为一个大灾难的思想守护者，伦理也是以其自身的无力打击一切思想和政治的思想。而面对这个灾难，无论在什么情况下，都从来没有任何伦理知道该如何保护我们。①

伦理，因此是"政治哲学"在其中颠倒了它的原初计划的形式。哲学的原初计划是消灭政治以实现其真正的本质。随着柏拉图，哲学提出其实现作为共同体的本源／原则（principe），因而取代了政治。而这个哲学的实现，最后证实乃是哲学自身

---

① 参考阿兰·巴迪乌，《伦理：关于恶之理解的论文》（*L'éthique. Essai sur la conscience du mal*），Hatier，1993。

的消灭。19 世纪的社会科学，已经是以取消/实现政治之计划的达成，作为取消/实现哲学的现代方法。今天，伦理是这个实现/取消的最终形式。它是被投向哲学而自我毁灭的命题，它将哲学带回到绝对**他者**（Autre）那里以清偿**自身同一**（Même）思想的错误，那作为共同体之灵魂的"实现了的"哲学之罪。它为了无限化它让人质、证人、受害者向它所提出的命令而无限化了罪过：哲学因此要为以哲学为主导的古老自负和解放人性的现代幻想赎罪，它要将自己臣服于无限他异性的体制，而这个体制将一切主体从它自身驱离。哲学因此成为了哀悼的思想，承担起罪恶和国家从**公正**（dikaïon）到**利益**（sumpheron）的化约后的残余。以伦理之名，哲学承担起了恶、人的非人性等共识田园诗的阴暗面。而面对具有他异性的政治形象的抹除，它则提出以他者的无限他异性作为补偿。它因此将自己写入了与政治之间的确定关系，亚里士多德在《政治学》第一卷中，透过将政治"人性"自外邦者的双重形象——那高于人类或低于人类者——分离所指出的关系。这高于人类或低于人类者，就是神明或禽兽、神性与兽性的宗教对偶。伦理正是将思想放置在禽兽与神明的面对面之间。①也就是说，如同承担起它自身的哀悼一般，它承担起了政治的哀悼。

  人们当然可以只是赞同哲学目前对于节制的关注。也就是说，它意识到思想结合了力量与无力，以及它面对自身的过度（démesure）时力量的微不足道。然而仍然有待了解的是，这个思想的节制如何具体落实，也就是说，它所声称要执行其自身

---

① 亚里士多德，《政治学》，Ⅰ，1253a 4.

测度（mesure）的**模式**为何。我们已经看到，当前国家的节制，首先是关于政治的节制，也就是夸大国家对于日常事务的执行，但其所赖以维生的却是政治的消灭。因此必须要确认哲学的节制不会也是一种以他者为代价的节制，不会是"政治哲学"赖以维生的最后一回政治的实现/消灭：以对于宣称的政治的哀悼清偿"实现了的"哲学的错误。没有需要被思考的政治的哀悼，只有其当前的困难和这个困难所要求的特定节制和不节制的方式。今天，政治在关系到"唯一可能"的共识管理逻辑对它要求节制时，不应该节制。而当它进入伦理哲学不节制的节制使它涉入的场域时，则应当保持节制：那是节制政治盈溢的剩余的场域，也就是与赤裸的人性和人的非人性的遭遇。

今天政治行动发现自己正遭受管理的国家警察和人道主义的世界警察的两面夹击。一方面，共识系统的逻辑抹消了政治的表象、误算和争议的标记。另一方面，它们召唤被赶出其地盘的政治，以便将自己建立在一个人类的全球性（mondialité）领域之上，而这是受害者的全球性，亦即依据受害者的形象来定义一种世界的意义和一种人类的共同体。①一方面，它将算入

---

① 法文中有两个可以交替使用的词：mondialisation（世界化）和 globalisation（全球化）。在后者随着英文 globalization 的全球化而流行之前，前者已经在20世纪中叶出现。南希（Jean-Luc Nancy）在《世界的创造或世界化》（*La création du monde ou la mondialisation*）一书的英译前言中，曾以这两个词的对比来探讨两种思考全球/世界的不同模式。然而，朗西埃在这里并没有使用 globalisation，他的概念对比是 la mondialité 与 l'universel（详见后述）。因此，考量中文的惯用语，在这里仍然将 mondialité 和 mondialisation 译为全球性和全球化，而将 l'universel 译为普世性。至于 monde，则视脉络而定。——译注

不算数者的共享发回到对于能够出示其身份之群体的人口调查；它将政治主体性的形式安置于接近的位置（住所、职业、利益）和身份的连结（性别、宗教、种族或文化）。另一方面，它将政治主体性全球化，将其流放到人性赤裸地自我归属的荒漠之中。它甚至促使抵制共识逻辑的关注本身去设想一种属于受害者或人质、流亡者或无归属者的人性，以作为一种非身份认同的共同体的基础。然而政治的不属己/非分（l'impropriété politique）并非无归属。它是双重的归属：归属于本分/所有物（propriétés）和份额（parts）的世界以及归属于非分的共同体，那由平等逻辑所打造的作为无分者之分的共同体。而且其非分的所在并非流亡地。它并非人性在其赤裸中遭遇自身或其他者——禽兽与/或神明——的域外。政治不是透过利益（intérêts）而集结的共识共同体。然而它更不是一个居间－存有（inter-être）的共同体，一个由**中介/居间存有**（interesse）强加给它其本源的共同体，而此一本源乃是奠立在**存有**（l'esse）① 与**居间**

---

① 关于这点的讨论可以联系让－吕克·南希在《出庭》（La Comparution. Christian Bourgois, 1991）和《世界的意义》（Le Sens du monde. Galilée, 1993）中，关于政治作为**在共通之中**的绕射（diffraction de l'en de l'en-commun）这一论说。

(l'inter）或**存有**本身的**居间**之上的共同存在。①它并非一种更符合原初人性之人性的实现，需要在利益统治的平庸之下或合体（incorporations）的灾难之外被复活。政治的第二天性不是使共同体重新拥有（réappropriation）其第一天性。它应该真正地被思考为第二。**居间存有**不是在共同体的存在、存有或"异于存有"的本源处重新捕捉而送回的共同体意义。政治的**居间存有**的**居间**是一种中断或间隔。政治共同体是一个中断的共同体，一个破裂、零星和局部的共同体，透过它们平等逻辑得以将治安逻辑从其自身分裂。它是一个多数共同体世界的共同体，而这多数共同体世界是主体化的间隔：在身份之间、在场所和位置之间所建立的间隔。政治的共存是种居间存有：在多数身份之间，在多数世界之间。正如被告布朗基（Blanqui）所定义的"身份宣言"，"无产者的"主体化肯认了错误的共同体作为一种条件和一种职业之间的间隔。它是那被赋予处于好几个名字、好几个身份、好几个地位之间的存有者的名字：在一个大声嚷嚷的工具操作员的条件和一个能言说的人类存有的条件之间，在一个公民的条件和一个无公民身份的条件之间；在一个可定

---

①朗西埃在这里与南希区辩。南希将 intérêt 的拉丁字源 interesse（中介、介入其间）拆解为 inter（在……间）和 esse（存有），借此演绎出存有的"本质"（essence）（如果有的话）并不在自己"之内"，而在于"之间"的想法。同样，共同体的"本质"（如果有的话）并不在于任何"共同"属性"本身"（propre），而在于"共通""之中"（être-en-commun）或"之间"的相互暴露与区分/共享（partage）。此处的说明参考苏哲安翻译南希的《解构共同体》（*La communauté désoeuvrée*）[台北：桂冠，2003]的译者导读。——译注

义的社会形象和一个不算数的没形象的形象之间。政治的间隔乃是经由将一个条件从其自身分裂而创造出来的。它透过在这三者之间牵线来创造自己：在一个既存世界的确定位置上被定义的身份和场所、在其他位置上被定义的身份和场所，以及没有位置的身份和场所。政治共同体并非共同本质（l'essence commune）或关于共同的本质（l'essence du commun）的实现。它是对于那原本并非被赋予为共同的事物的共享：在可见与不可见、近与远、在场与缺席之间。这个共享假定了从既予到非既予、共同到私人、本分到非分的连结的建立。正是在这个建造之中，共同的人性自我论证、彰显和生效。光是人性与其否定间的关系完全无法创造（ne fait nulle part）政治争议的共同体。现实一再向我们揭示这个事实：例如，在波斯尼亚遭受集体屠杀与流亡的人们身上所经历的非人性的暴露与同属人类的感受之间，悲悯与善意并不足以编织出一种政治主体化的连结，并不足以将与塞尔维亚侵略的受害者或反抗者的连结，加入到西方都会的民主实践之中。①光是对于共同本质和其所蒙受的错误侵害的感受并不会产生政治，更不用说其特别化（particularisation），例如让女性主义运动负责建立和波斯尼亚受性侵害女性的

---

① 在波斯尼亚战争（1992—1995）期间，塞尔维亚军队对波斯尼亚穆斯林（Bosniaks）发动了"种族净化"（ethnical cleansing），包括对男性的杀害和对女性的强暴。在1995年发生于Srebrenica的种族屠杀中，就有超过八千名波斯尼亚穆斯林男性被杀害。在整个战争过程中遭到强暴的女性估计达两万到五万人，其中大部分是塞尔维亚军警为了羞辱和强迫生下塞尔维亚后代而对波斯尼亚穆斯林女性实施的集体强暴。——译注

连结。在这里仍然欠缺侵害/错误（le tort）的建立，作为和那些无法归属于同一共同的人们之间的共同体连结。波斯尼亚大屠杀中暴露的尸体或活生生的证言，并未建立那在阿尔及利亚战争和反殖民主义运动期间的尸体所曾经能够建立的连结：那些1961年10月，在避开一切目光和估计的情况下，法国警方抛入塞纳河的阿尔及利亚人的尸体。①环绕着这些两度消失的尸体，一个政治的连结确实被建立起来：并非基于对受害者乃至其受害原因的认同，而是基于对屠杀并逃避一切账算的"法国"主体的去认同（désidentification）。对于人性的否定，也因此可能建立在一种政治争议独特、在地的普遍性之中，作为法国公民身份与其自身的争议关系。不正义的感受无法仅凭认同就创造出政治的连结，即便这个认同将受侵害对象失去的所有据为己有。在这里，身份认同的失去拥有仍然必须要建构一个具有争议行动力的主体。政治是关于错误的演绎与交错的身份的艺术。它是普遍情况的在地和独特建构的艺术。只要把错误的独特性（singularité），亦即公正/法/权利（le droit）的在地论证与展示的独特性，和依据身份而归属于集体的各种权利的特殊化（la

---

① 1961年10月17日，巴黎警察首长 Maurice Papon 下令镇压在当天举行的支持阿尔及利亚民族解放阵线（National Liberation Front）的示威游行。这场游行的近因是 Papon 在 5 日对于巴黎的阿尔及利亚和法国穆斯林所发布的宵禁令。示威违法（未获许可）但和平举行，约三万人参与。警方在镇压中开枪，将部分群众推落桥下，并进行逮捕、酷刑和杀害。事后塞纳河畔陆续发现许多阿尔及利亚人的尸体。法国政府直到1998年才改口承认这次屠杀事件。官方记录有32人丧生，历史学家 Jean-Luc Einaudi 则估计有200人丧生。——译注

particularisation les droits）区分开来，这个建构就是可能的。另一方面，只要把其普世性（universalité）与受害者的全球化（mondialisation）分离开来，把人性与非人性的赤裸关系分离开来，这个建构也就成为可能。全球性的统治并非普世性的统治，而是其反面。它事实上是其论证展演的场所本身的消失。我们有世界警察/全球性治安（une police mondiale），而这有时可以带来一些好处。但我们没有全球性的政治。"全球"可能扩张。政治的普世却不会扩张。它依旧是争议的独特建构的普世性。相较于将希望寄托在普世与法治的简单等同上，它对于从一种更根本地"全球"的全球性中所发现的本质也没有更多的期待。我们并不打算以"复兴者"（restaurateurs）的形象声称，政治"只要"重新找回其本身的起源/原则以重新找回其活力。政治，就其特性而言，是罕见的。它永远是在地和偶然的。它当前的消逝非常真实，且不仅不存在可以定义政治的未来的政治科学，也不存在将政治的存在只是当作意志对象的政治伦理。至于一种能够打破愉快的共识和被否定的人性之回圈的新政治方案，在今天则几乎无法被预测和决定。相反，我们有很好的理由认为，它将既不会来自于在分配份额的共识逻辑上的身份竞标，也不会来自于将思想召唤至人的非人性之更原初的全球性或更激进的经验的夸大。

附　录

专名索引

(索引页码为原著页码)

aisthesis 感知 20, 38, 46, 48, 71, 73, 76, 87
apparence 表象 29, 30, 39, 60, 88, 96, 97, 109, 110, 111, 121, 123, 124, 125, 126, 127, 128, 129, 131, 138, 139, 140, 141, 142, 143, 144, 145, 146, 148, 155, 162, 185
aristoï 贵族 25, 30, 46
arkhè 原则、根基 33, 35, 36, 40, 57, 96, 100, 106, 118, 149
arkhaï 建制、权力 57, 108
Autre 他者 162, 163, 164, 182, 183, 184, 185
Axiaï 价值 24, 25, 26, 27, 101,
Bien/bien 善/利益 13, 20, 21, 23, 24, 35, 54, 71, 96, 97, 99, 106, 113, 119, 131
bien commun 共同利益/共同善 10, 19, 20, 21, 24, 25, 35, 36, 107, 124, 131
blaberon 伤害 21, 22, 23, 24, 25, 28, 33, 63, 149

classe 阶级 28，31，33，39，40，46，62，63，101，110，114，115，116，118，119，120，121，122，123，127，128，159，161，173

compte 计算、算数、算入、考量、理据 24，25，26，28，29，30，34，44，48，49，50，60，62，63，65，71，74，75，79，81，82，84，89，95，96，110，113，115，117，118，119，121，127，129，138，141，143，144，146，159，161，162，165，169，171，174，181，185

mécompte 错误计算 25，26，27，29，30，63，89，142，143，148，162

communauté 共同体 9，10，12，19，20，21，23，24，25，26，27，28，30，31，33，34，36，38，39，40，43，44，47，48，49，50，51，54，55，56，57，58，59，60，61，63，65，66，71，74，75，77，79，81，84，85，86，88，89，90，91，95，96，97，98，99，100，101，102，103，104，105，108，110，111，112，114，115，116，117，118，119，125，126，128，129，131，135，136，139，141，143，144，145，147，148，149，150，151，152，154，156，157，158，159，160，161，163，165，169，170，171，183，185，186，187

un commun 大众 28，35，38

communauté esthétique 美学共同体 88，128

consensus 共识 91，143，149，158，159，160，162，164，185

consensuelle 共识性 91，135，142，143，158，159，160，162，164，165，170，174，183，184，185，188

démos 平民、人民 25, 26, 27, 28, 29, 30, 31, 33, 39, 43, 58, 59, 63, 89, 96, 97, 101, 102, 106, 107, 108, 109, 110, 111, 117, 121, 126, 128, 140, 142, 149, 153, 156, 170, 171

démocratie 民主 10, 16, 25, 29, 36, 44, 63, 96, 97, 98, 99, 101, 103, 105, 109, 110, 111, 113, 118, 120, 125, 135, 136, 137, 138, 139, 140, 141, 142, 143, 150, 151, 156, 165, 170, 171

démocratie réelle/démocratie formelle 真实民主/形式民主 125, 135, 137

post-démocratie 后-民主 135, 143, 144, 148, 153, 157, 162, 165

différend 歧论 79

droit 权利/法律 11, 24, 26, 27, 28, 37, 47, 56, 62, 64, 74, 82, 83, 84, 114, 115, 116, 118, 120, 121, 125, 126, 127, 136, 137, 143, 149, 150, 153, 154, 155, 157, 158, 159, 170, 171, 172, 173, 176, 180, 181, 188

droits de l'homme 人权 65, 81, 126, 152, 171, 172

État de droit 法治国家 10, 136, 139, 149, 150, 154, 156, 158

non-droit 无权, 违权, 非权利 84, 85, 116, 120, 150

écart 间距 48, 61, 63, 96, 97, 117, 118, 119, 125, 126, 128, 129, 142, 143, 151, 158, 162, 169

égalité 平等 9, 11, 12, 24, 26, 27, 32, 33, 35, 36, 37, 38, 39, 48, 50, 53, 55, 57, 58, 59, 61, 63, 64, 65, 66,

67, 78, 80, 81, 95, 96, 97, 99, 102, 105, 106, 107, 108, 113, 116, 117, 119, 126, 127, 128, 141, 146, 147, 148, 151, 152, 159, 169, 171

l'égalité des intelligences 知性平等 58

isonomie 法律平等 95, 99

la logique égalitaire 平等逻辑 56, 59, 97, 108, 142, 185, 186

la vérification de l'égalité 平等验证 63, 58

émancipation 解放 58, 59, 120, 145

ethnos 族群 171

éthique 伦理 104, 105, 122, 142, 153, 174, 181, 182, 183, 184, 188

ethos 习性 61, 102, 103, 142

exclusion 排除 158, 159, 163

gouvernement 治理 51, 109, 113, 130, 131

hexis 占有 38, 78

humanité 人性 16, 19, 38, 120, 153, 170, 171, 172, 173, 176, 177, 181, 183, 184, 185, 186, 187, 188

crime contre humanité 违反人性罪 174, 176, 177

humanitaire 人道主义 172, 173, 174, 181, 184

incommensurable 不可共量性 40, 71

identité 身份、同一性 27, 60, 65, 72, 80, 90, 121, 139, 145, 147, 148, 149, 150, 153, 154, 156, 157, 160, 161, 162, 163, 169, 170, 173, 181, 182, 185, 186, 187, 188

identification 同一化、认同 61, 76, 90, 125, 140, 141,

143, 150, 187, 188

désidentification 去身份化、去同一化、去认同 60, 140, 187

idéologie 意识形态 46, 123, 124, 176, 177

imitation 模仿 99, 106

interesse 居间存有 185, 186

mimèsis 模拟、拟仿 110, 111, 151

juste 公正、正义 13, 14, 16, 19, 21, 22, 23, 28, 36, 39, 40, 43, 44, 51, 72, 82, 85, 96, 97, 106, 113, 115, 117, 118, 119, 129, 135, 163

juridique 司法 80, 149, 150, 151, 152, 153, 154

liberté 自由 26, 27, 29, 30, 34, 35, 37, 38, 40, 50, 57, 58, 59, 63, 67, 89, 95, 101, 102, 105, 106, 114, 116, 117, 141, 143, 150, 151, 169

littéraire/littérarité 文学 61, 90

litige 争议 15, 28, 33, 34, 39, 44, 48, 49, 55, 56, 59, 60, 64, 65, 67, 73, 77, 78, 79, 85, 86, 87, 89, 96, 108, 110, 111, 112, 113, 115, 116, 117, 118, 119, 122, 124, 126, 127, 129, 136, 140, 141, 142, 143, 148, 149, 151, 152, 154, 155, 158, 161, 162, 171, 174, 185, 187, 188

logos 话语,话语理性 15, 20, 21, 37, 38, 43, 44, 45, 46, 48, 49, 59, 61, 65, 71, 72, 73, 74, 75, 76, 77, 82, 87, 88, 102, 119, 129, 159, 172

alogia 无意义的字 71

loi 法、法律、法则 9, 10, 27, 36, 39, 52, 57, 66, 67, 73, 81, 95, 98, 99, 101, 102, 103, 105, 109, 110, 115,

128, 148, 151, 152, 154, 159, 163, 164, 176, 177, 179, 180

massacre/holocauste 大屠杀 173, 174, 180, 182, 187

genocide 种族屠杀 181, 182

extermination 种族灭绝 174, 177, 178, 179, 181

même 相同、自身 13, 15, 21, 22, 27, 30, 33, 34, 39, 48, 58, 63, 66, 73, 75, 78, 84, 86, 87, 89, 98, 109, 111, 114, 117, 119, 125, 126, 128, 131, 135, 138, 141, 142, 144, 146, 147, 148, 149, 150, 151, 152, 153, 154, 157, 159, 160, 163, 164, 165, 169, 170, 171, 180, 182, 183, 185, 186, 187

mésentente 歧义 12, 13, 14, 15, 16, 79, 81, 83, 84, 91, 121, 173

entente 理解 15, 77, 78, 79, 81, 84, 87

modeste 节制 151, 184

État modeste 节制国家 151, 152

mondialité 全球性 185, 188

multiple 多数 29, 30, 60, 61, 98, 146, 150, 164, 165

multiplicité 多样性 10, 44, 61, 66, 89, 145, 165

multitude 杂多性、诸众 34, 62, 63, 102, 164

négationnisme 历史否定主义 174, 176, 178, 180

nomos 规范、律法 102, 103, 105, 136, 164

non-lieu 非-场所、宣告驳回 145, 151, 162

nuisible 有害 19, 20, 21, 23, 37

nuisance 受到伤害、受害感 20

oligoï 寡头 25, 26, 30

opinion 意见 29, 54, 56, 77, 103, 143, 144, 146, 147, 148, 149, 152, 159, 163, 179

opinion publique 民意/公众意见 77, 82, 83, 144

parole 言说, 说话能力 20, 44, 45, 46, 47, 48, 49, 50, 52, 61, 65, 66, 71, 72, 74, 78, 83, 129, 143

partenaire 合作者, 合作伙伴 34, 71, 72, 79, 84, 85, 141, 148, 149, 169

parties 组成分子 25, 26, 28, 29, 31, 34, 35, 38, 39, 78, 82, 88, 140, 141, 143, 146, 147, 148, 157, 159, 169, 170, 171, 174

parti 党派, 政党 31, 34, 35, 113, 153, 173

une part des sans-part 无分者之分 31, 35, 53, 64, 99, 103, 108, 113, 114, 121, 126, 130, 140, 169, 171

partage 区分, 分配/共享 20, 21, 23, 29, 43, 44, 46, 48, 49, 50, 51, 52, 53, 59, 61, 65, 67, 71, 72, 73, 74, 78, 85, 87, 97, 158, 159, 161, 171

le partage de leur aisthesis 感知的区分与共享 20

partage du sensible 感知分配 46, 48, 49, 50, 53, 61, 67, 87, 97

peuple 人民 26, 27, 28, 29, 30, 33, 34, 36, 38, 40, 43, 44, 45, 58, 60, 63, 66, 80, 88, 96, 101, 105, 106, 109, 110, 111, 113, 114, 116, 117, 118, 119, 123, 124, 125, 126, 127, 129, 131, 135, 136, 137, 138, 139, 140, 141, 142, 143, 144, 146, 147, 148, 152, 154, 160, 161,

162, 169, 181, 182,

peuple ethnique 种族性的人民 138

plébéiens 古代平民 80

phusis 自然、本性 103, 105, 136, 164

la politique 政治 9, 10, 11, 12, 14, 15, 16, 19, 21, 24, 25, 26, 27, 29, 30, 31, 33, 34, 35, 36, 37, 38, 39, 40, 44, 45, 48, 49, 52, 54, 55, 56, 57, 58, 59, 62, 63, 64, 67, 71, 75, 80, 86, 87, 88, 89, 90, 95, 96, 97, 98, 99, 100, 102, 104, 105, 106, 107, 108, 109, 110, 111, 112, 113, 114, 115, 118, 119, 120, 122, 123, 124, 125, 127, 128, 129, 130, 131, 136, 138, 139, 141, 142, 150, 151, 152, 153, 154, 155, 159, 162, 169, 170, 174, 176, 181, 183, 184, 185, 186, 188

le politique 政治性 11, 15, 19, 28, 55, 56, 56, 57, 63, 66, 77, 79, 84, 86, 87, 90, 107, 112, 113, 124, 139, 141

pré-politique 前政治 117

archi-politique 元政治 100, 103, 104, 105, 107, 111, 118, 119, 122, 130, 131, 141, 147

fin de la politique 政治的终结 124, 125, 131

méta-politique 后设政治 100, 118, 119, 120, 121, 122, 123, 124, 125, 127, 128, 129, 130, 131, 136, 139, 146, 165, 179, 180

philosophie politique 政治哲学 9, 10, 11, 13, 15, 16, 24, 29, 52, 95, 96, 97, 99, 104, 105, 107, 108, 111, 112, 113, 115, 119, 124, 130, 131, 139, 140, 150, 152,

183, 184

para-politique 类政治 100, 105, 107, 108, 111, 114, 117, 118, 131

politeia 政体、宪政体制 98, 99, 101, 102, 104, 110, 111, 137

politeiai 复合政体 98

politicité 政治活动 20

la police 治安 51, 52, 54, 56, 59, 62, 97, 99, 129

le policier 治安 51

la logique policière 治安逻辑 56, 57, 60, 62, 66, 67, 97, 108, 126, 141, 142, 159, 180, 186

la basse police 基层警察 51

proletariat 无产者 28, 60, 61, 62, 63, 64, 90, 120, 121, 122, 127, 128, 129, 136, 161, 171, 172, 173

raison 理性 13, 83, 174, 178

les modes de rationalité 合理性模式 178

rapport 关系 9, 11, 21, 22, 23, 25, 26, 35, 44, 45, 48, 49, 52, 53, 54, 55, 56, 60, 61, 63, 64, 65, 66, 67, 71, 72, 75, 76, 80, 83, 84, 85, 89, 95, 100, 108, 109, 112, 115, 117, 118, 125, 127, 128, 129, 131, 139, 145, 146, 148, 150, 155, 157, 158, 159, 161, 164, 176, 181, 183, 187, 188

non-rapport 非关系，无关系 84, 126

réalisme 现实主义 98, 170, 174, 180

régime 体制 14, 25, 36, 44, 54, 79, 88, 98, 99, 103,

107, 108, 109, 110, 112, 113, 135, 138, 139, 140, 142, 143, 145, 146, 147, 148, 149, 150, 160, 175, 177, 179, 180, 183

régime de l'Un "一"的体制 99

régime du Méme 同一的体制 98

révisionnisme 历史修正主义 175

scène 场景、舞台 45, 47, 48, 49, 56, 61, 66, 74, 75, 79, 80, 81, 83, 84, 85, 118, 125, 141, 151, 172, 173

sensible 感知、感性、感受性、可感 14, 46, 48, 49, 50, 52, 53, 61, 65, 67, 73, 85, 87, 88, 97, 119, 137, 138, 143, 161, 171

partage du sensible 感知分配、感知的区分/共享、感受性区分/共享 46, 48, 49, 50, 53, 61, 67, 73, 85, 87, 88, 97, 161, 171

Simulation 拟像 99

simulacra 拟仿物 144, 146, 147

Singularité 特异性, 独一性 139, 142

Sophrosunè 安分守己 101, 102, 147, 148

Souveraineté 主权 110, 112, 114, 115, 116, 117, 118, 120, 122, 125, 135, 136, 137

sujet 主体 20, 58, 59, 60, 61, 63, 64, 65, 66, 67, 79, 81, 82, 86, 88, 89, 90, 113, 114, 116, 117, 125, 127, 128, 129, 130, 136, 140, 141, 145, 158, 161, 162, 163, 165, 170, 171, 172, 173, 183, 187, 188

subjectivation 主体化 44, 59, 60, 61, 63, 64, 65, 66,

89, 90, 104, 111, 121, 122, 123, 127, 130, 139, 141, 142, 149, 155, 159, 161, 162, 169, 170, 171, 173, 181, 186, 187

sujet excédentaire 过剩的主体 89

sujet non identitaire 非同一性主体 141, 145

sujet ultra-politique 超-政治主体 165

sumpheron 利益 21, 22, 23, 24, 149, 150, 183

titres 资格、名分 24, 25, 26, 27, 28, 30, 34, 35, 39, 48, 100, 101, 116

tort 偏差、错误、侵害 22, 23, 25, 28, 31, 33, 34, 36, 39, 40, 43, 44, 48, 49, 59, 63, 64, 79, 83, 95, 96, 97, 98, 103, 113, 114, 115, 117, 118, 119, 124, 127, 129, 148, 149, 150, 160, 161, 171, 172, 173, 174, 186, 187, 188

classe du tort 错误阶级 28

régime du tort 错误的制度 23

torsion 扭转 33, 34, 38, 97

l'union tordue 扭曲的综合体 34

le tort ou la torsion constitutifs 构成性错误或扭转 34

Un 一 98, 99

un-en-plus 多于一 89, 161

un-en-trop 超额 161

utile 有用 19, 20, 21, 23, 28, 37, 39, 43

utilitariste 功利主义 19, 21

valeur 价值 24, 26, 72, 85, 127

vide 空、空隙、空洞、空白　27, 34, 40, 57, 59, 112, 113, 147, 157

l'égalité vide 空洞平等　57

le nom vide 空名　34, 59, 112, 113

propriété vide 空洞属性　27

un état du vide 空的状态　157

la vertu vide 空洞德性　147

人名索引

(索引页码为原著页码)

Aristote 亚里士多德 9, 11, 15, 19, 21, 22, 25, 26, 28, 30, 38, 43, 48, 49, 73, 98, 105, 107, 108, 109, 110, 111, 112, 113, 114, 115, 117, 131, 183

Appius Claudius 阿庇乌斯·克劳狄 46

Auguste Blanqui 奥古斯特·布朗基 62, 63, 121, 186

Calliclès 卡利克勒 36

Claude Lefort 克劳德·勒福尔 140

Durkheim 涂尔干 131

Descartes 笛卡儿 10, 59

François Guizot 弗朗索瓦·基佐 159

Grotius 格老秀斯 116

Hegel 黑格尔 121

Hérodote 希罗多德 29, 31, 32

Hobbes 霍布斯 19, 37, 112, 113, 114, 116, 120, 157

Jean Baudrillard 让·鲍德里亚 145

Jean-François Lyotard 让-弗朗索瓦·利奥塔 14, 181

Jeanne Deroin 让娜·德鲁安 66

Joseph Jacotot 约瑟夫·雅各多 58
Jürgen Habermas 尤根·哈贝马斯 75, 85
Kant 康德 88, 128
Louis Ambroise de Bonald 路易·安布鲁瓦兹·德·波纳德 159
Leo Strauss 列奥·施特劳斯 19, 21
Lucien Febvre 吕西安·费弗尔 178, 179
Marx 马克思 39, 120, 121, 122, 123, 155
Max Weber 马克斯·韦伯 131
Michel Foucault 米歇尔·福柯 51, 55
Montesquieu 孟德斯鸠 102
Otanès 欧塔涅斯 29
Paul Rassinier 保罗·拉西尼 174, 175
Pierre-Simon Ballanche 皮埃尔-西蒙·巴隆舍 45, 46, 47, 48, 53, 71, 80, 81, 83
Platon 柏拉图 11, 20, 22, 29, 35, 36, 38, 39, 43, 44, 49, 63, 71, 87, 97, 98, 100, 103, 105, 107, 111, 120, 122, 131, 140, 141, 142, 147, 149, 152, 183
Protagoras 普罗泰戈拉 36
Richard Rorty 理查德·罗蒂 90, 91
Rousseau 卢梭 114, 116, 120, 136, 138
Socrate 苏格拉底 11, 36, 38, 95, 106
Solon 梭伦 26
Thrasymaque 色拉叙马霍斯 22, 106
Tite-Live 提图斯-李维 45
Tocqueville 托克维尔 111

后 记

刘纪蕙　林淑芬　陈克伦　薛熙平

《歧义：政治与哲学》（*La Mésentente. Politique et philosophie.* Paris：Galilée, 1995）这本书的翻译，是由台湾交通大学社会与文化研究所两位老师刘纪蕙与林淑芬，以及两位博士生薛熙平与陈克伦，于2008年年底开始到2010年间共同完成的。刘纪蕙负责序、第一章、第三章，林淑芬负责第二章、第四章，陈克伦负责第五章，薛熙平负责第六章。此外，社文所魏德骥老师与博士班研究生杨淳娴完成了《历史之名：知识的诗学》（*Les Noms de l'histoire. Essai de poétique du savoir.* Paris：Editions du Seuil, 1992）的翻译，博士班研究生关秀惠与杨成瀚完成了《感性分享：美学与政治》（*Le partage du sensible. Esthétique et politique.* Paris：La Fabrique, 2000）的翻译。在此过程中，这几组翻译工作团队共同进行了相当密集与持续的聚会与讨论，引发不少激辩，也厘清了许多困难的思考性问题。翻译涉及了诠释的角度，在共同合作中，我们不免面对了彼此诠释立场的差异。为了尊重原文以及读者，我们尽量维持译文的一致性，但是个别译者会在译注处交代相关概念的脉络，以及译法的立场。交大社文所邱德亮老师对法文及史学问题、魏德骥老师对古希腊问题提供的宝贵意见，以及校阅者中山哲研所洪世谦老师在三次校对中耐心细心地校对法文、统一译语、提供修改建议并和译者讨论，我们要在此一并致谢。此次为了简体版的发行，我们各自重新修订了繁体译本中出现的一些错误，也稍微修改了后记。

朗西埃在这本书中逐层展开关于政治与哲学交会之问题，分析政治理性的歧义逻辑，探讨古典与现代"政治哲学"之不同理性逻辑，以及在政治实践的领域中"民主之名"如何被理解与操作，民主之实践与共识体制如何被正当化，以无疆界之人性为名的狂热，或是以非人性统治之名表达哀悼背后更大的问题。以下我们以四篇短文的形式，厘清几个关键概念，便于读者阅读时易于掌握本书的论点。

＊　　＊　　＊

一、感受性体制、理解与歧义、理性与计算、间距与"空"

刘纪蕙

在《歧义：政治与哲学》这本书中，朗西埃所处理的问题是政治与哲学的交会。政治涉及了以平等为原则的根本问题：平等原则是什么人之间的平等？关于什么事的平等？什么人可以被计算为共同体的成员而享有平等权利？共同体成员的分配原则为何会造成一群人之间的平等，却也造成其他人与这群人之间的不平等？朗西埃指出，这些就是属于政治的难题。不同历史时期的政治哲学透过操作话语理性来处理政治难题，进行算术式或是几何式的分配逻辑，却同时以其合理性的论证中止了政治。如何思考政治哲学所暴露的话语内部歧义，或是理解的不同位置，是朗西埃本书根本的提问。

在此提问的背后，是朗西埃所谓的感知分享（une aisthesis partagée）的基本诠释立场，也就是检讨平等与公平分配如何事先受制于共属与分享的感受性体制以及理性计算逻辑的问题。Aisthesis，αἴσθησις——感觉、看到、听到、认知、察觉，是涉及知性与感官的整体感知状态。所谓共享的感受性体制（régime du sensible），意思是指从我们所接触而感受到的事物，到我们的认知模式，事物出现在我们所可感知与命名的层次，以及这些事物引发的好恶之情，我们与他们的区辨，有用与公正的界分，平等与正义的判断，整体与部分的计算，都已经在一整套相互关联运作的范畴与层级中被分配与安置。

Régime 涉及了体系性运作（operation）、布置（dispositive）、自动机械操作（automaton）以及装置（apparatus）等整体动态概念，说明了事物的可见或是不可见、可说或是不可说、可被听到或是不可被听到、被辨识为相同或是不同、美或是丑、和谐或是噪音，都已经相互依存、相互牵动而定位，并且自发地运作。通常 régime 指涉军事政体或是政治政体的制度与结构，我们熟知的纳粹政权、国家社会主义政体、经济体制、共产主义体制、共和体制，等等。不过，字源学上的探讨可以协助我们理解此字汇所包含的复杂意思。Régime 来自拉丁文 regere（rule）。Regere 源于印欧语系的 reg，意思是"以一条直线运动"，因此有指导、导引、统治、尺规等延伸字，另外也有正确、指导、竖立、管理区域、复兴、资源、涌发等面向的意义。

因此，régime 也有引擎机械装置的规范导引与自发涌现的涵义。福柯的真理机制（regime of truth）与可见性机制（regime of the visible），或是朗西埃的习性机制（regime of ethos）、再现机制（representative regime）、美学机制（aesthetic regime），都援用了自动装置的概念。因此，régime 可以理解为制度性体现的"体制"，也可以理解为动态运作的"机制"。

至于"分配/共享"（partage：share，part，distribution，division），则同时意味着在整体之下共同享有，也意味着在整体之内被划分、区分、计算与分配；既在此整体之内成为一个部分，被计算为一分子，也以此部分之资格与功能来参与整体。我们共属同样的社群，也共享使我们得以出现的符号法则；在世界中，我们被分配的身体位置，就是我们借以出现的角色与功能。习性社会（ethos，habitus）所形成的"我们"，会轻易排斥不属于我们的"他们"。感受、认知、情绪、好恶、正义感、公正与否的判断，以及人际关系的应对进退与伦理原则，都受到这个感受性体制牵动而自发地运作。朗西埃持续探讨与分析的问题，便是这个不同活动领域却具有共构操作的感受性机制，以及其中被不同形式替代而具有悖论的核心概念或是话语逻辑。朗西埃所关注的问题，则是如何能够以"非同一"的主体行动，对于这些共识结构与共享配置，进行政治性的挑战与扭转。

关于时代感受性与美学形式的靠近，朗西埃会说：现代主义诗人与现代主义设计者在追求简洁与流线型的形式时，与工程师一样，都要制造出共同生活的一种"共同的新的质感"（Rancière 2007：97）。朗西埃也说，从马拉美（Stéphane Mallarmè）、伯汉斯（Peter Behrens）、拉斯金（John Ruskin），到 1900 至 1914 年间的维也纳分离派（Secession）、里戈（Aloïs Riegl）的有机装饰、沃林格（Wilhelm Wörringer）的抽象线条，这些流线型的简洁图像设计的推进，通过一系列的误会，却逐渐成为绘画潮流转向抽象主义的理论保证："艺术成为表达艺术家之意志与理念的媒介，其所使用的符号，都只是翻译出内在的必然性。"（Rancière 2007：103）

在关于现代主义艺术的前后期著作中，朗西埃真正提出的论点是：无论是诗、舞蹈、设计、绘画、雕塑，这些不同艺术形式都回应了当时的时代科技、物质条件以及美学要求。前卫艺术以创新与突破的姿态，挑战当时的既定常规，让尚未出现的感知模式得以出现，而参与了感知重新分配的政治过程。现代主义对于艺术自主性的坚持，以及艺术形式与生命形式的一致，是现代主义艺术所宣称的美学要求。但是，这些使艺术作品在探索自身形式材质而使其具有自主性与独特性的同时，现代主义艺术却也提供了唯心主义及形式表达意志的合理化基础，呼应了同时期的政治理念倾向。当然，在具有共识的感受性体制以及美学体制的双重压抑性操作下，朗西埃反复指出的，是艺术的政治性行动如何使得可见与不可见的配置被打断。因此，可见与不可见之悖论而动态的关系如何浮动于可见影像的框架内，沉默的话语中如何出现了不被同一化的主体行动，艺术平面的构图如何以具有景深的场面调度模拟而搬演出社会的冲突场景，便是朗西埃所提出的关注点。①

正如对于现代艺术所共享的时代感受性体制的分析，朗西埃在《歧义》中也对政治哲学进行谨慎而敏锐的检讨。他尖锐地指出，不同政治哲学话语背后已经存在着理性分配的逻辑。因此，扰乱分配逻辑的政治行动如何出现，以及重新分配如何再度建立治安秩序，便是他所探讨的悖论。朗西埃所分析的古典政治哲学与现代政治哲学的话语理性，他所提出的感受性体制以及隐藏在可见性体系背后的不可见，很明显是挪用了福柯的认识型（épistémè）、真理体制（regime of truth）以及可见性体制（the regime of the visible）的概念。② 这个概念的关键在于话语（logos，λόγος）的内在秩序以及说话者立论依据的问题。海德格尔在《形上学基本概念》（*The Fundamental Concepts of Metaphysics*：*World*，*Finitude*，*Solitude*）中关于"话语"λόγος（logos）的一些基本讨论，可以协助我们说明福柯与朗西埃关于认

---

①可以参考朗西埃相关美学论著：《美学的政治》（*Le partage du sensible. Esthétique et politique*）、《影像的宿命》（*Le Destin des images*）、《获解放的观众》（*Le Spectateur émancipé*）、《非共识：论政治与美学》（*Dissensus*：*On Politics and Aesthetics*）等。

②朗西埃说明，他对于感受性体系的分配与共享的概念，是来自于福柯对于可见性、可说与可思之谱系研究，而朗西埃对于艺术体系的分析，则是参考了福柯的认识型概念。不过，朗西埃说，福柯着重于特定时期的可见性问题，他则强调历史经验之跨越、重复与非时序性。此外，历史面向所区分的可思与未思，以及福柯所谓的边界、封闭与排除，都停留在此历史性的界线。但是，朗西埃强调他所处理的是内部的分裂与僭越。他不要进行谱系学的研究，而要探究平等的问题。（Rancière 2000：13）

识型与话语逻辑的论点。① 海德格尔指出，亚里士多德将 λόγος 解释为"话语"（discourse）："任何说出的话以及可说的话"（everything that is spoken and sayable），人是"拥有话语能力的生命"，词语（word）与话语（discourse）是使人与物接合并相符的媒介。接合与相符的关系结构，就是海德格尔所说的"仿佛－结构"（as structure），此指向"仿佛"存在的再现结构指出了关联性的整体。这个 as（qua）的"仿佛－结构"并不在话语内部，并不是话语之属性，而是"话语之可能性的条件"本身。海德格尔说，无论是话语的指向或是远离、分离或是合并，都在此统一的整体中。（Heidegger 1995：305 -308，319 -326）。

"话语之可能性条件"的整体，说明了人之所以是政治性动物的基础。朗西埃指出，正如亚里士多德对于"政治性动物"（political zoon）的定义，群居在城邦中，拥有社会性而会说话的动物，才是政治性的动物；也就是说，首先要进入共同享有的话语环境，学习说话，政治才因此而成为可能。然而，正是由于共同享有语言，因此也同时进入了这个语言所决定的高下层级与内外排除的关系结构与感受性体制。透过感官而获得的知觉，已经属于这个话语中被分配的位置。话语逻辑与感受性结构是相互构成并且同时发生的。无论主体从属或是对抗这个

---

①福柯在 1982 年露克丝·马丁（Rux Martin）的访谈中，也曾经坦承在他的长期研究中，海德格尔的影响最为深刻（Foucault 1988：12）。多位研究者也曾经处理福柯与海德格尔的内在关联，例如在 Alan Milchman 与 Alan Rosenberg 所编的 *Foucault and Heidegger*：*Critical Encounters*（2003）一书中所收录的 13 篇文章都是处理此问题。

话语体系,都无法脱离其可见与不可见的整体结构。被接纳分配,或是被贬抑排除,都是同一套话语逻辑。朗西埃指出,所有对话都同时镶嵌于自身所属的感受性体制,反身指向自身的话语结构,并且假定了双方对于发言内容某种一致性的理解。双方相互了解,意味着已经预设了理解的一致性与可沟通性。这个预设本身便已经忽略了在感受性体制内的不同位置,话语之意义必然有其差异;这个预设也无视于不同参与者会因为其所参与及被分配的位置,而有不同的理解与不同的理性依据。

此处,关于共同体的悖论便被凸显出来了。参与具有共识的共同体,便是共同居住于一处,共享同样的话语,拥有同样结构的感受模式与意义感。话语所标记的好坏与善恶,对于理解此话语的共同体内之主体而言,是显而易见的。然而,共同享有话语,持有共识,已经否定了不同参与者或是无法拥有话语者可能有的不同位置与话语,或是不占据位置的位置,无法被理解的声音。政治理性正是以共同体之共识为其基础,建立有用与无用、正义与非正义的区分,以及执行公共分配的政治秩序与理性原则。所谓正义,只是一种衡量标准的选择。关键的问题是:什么人可以被视为属于此共同体的成员?什么人是这个共同体的组成部分?什么人并不拥有参与的资格与权利?

任何关于"组成部分"的计算,总会牵涉了某种基本政治理性的思考模式。所谓理性,便是此话语的计算(compte)与理解(entente)之依据。朗西埃以带有考量、说法、理由、依据等多重意义的"计算"(compter, count)一词,说明成为整体之内被"计算为一"的部分,同时意味着可被接纳与可参与的一分子,也是被定义的一分子,并且以此被定义的方式参与整体，而使得共享与分配同时发生。①如何计算整体与部分的关系，以什么观念或是属性来定义部分，以及此计算背后可共量性的理性原则，就是问题的核心。这个观念或是属性，例如血缘、信仰、语言、阶级、传统等，可以是整体中个体自我认知与建立同一性的范畴，也是共同体作为排除不属于此共同体计算理性的依据。原本人群聚居共处的社会，自然融合了不同属性的个体，每个个体的身上也掺杂了多重属性。但是，当特定属性被政治理性与权力结构定义为建立整体认同的基础，以及构成共同体的原则，那么不被纳入计算理性范畴的，例如不同的语言、血缘或是出身，便成为无法参与的部分，而成为朗西埃所谓的"无分者之分"（part des sans-part）。话语逻辑之理性所不计算的，正是"无分者之分"无法出现、无法被看见、不具有能力以及无法被理解的原因。

朗西埃说："感知分配的辩证运动，比意识形态的辩证要更为狡猾。一分为二。经验性的既成物——在缺少了时间过程之下——已经被其话语理性构成了双重性。"（"The Method of Equality" 277）这个"一分为二"的双重性，既有身体感受，又有规范理性：我所在的位置，成为我的感受模式，也是我的判断原则。不同的（més）理解（entente），就是朗西埃所定义的"歧义"（mésentente）：不同话语的理性以及其感知分配机制所

---

① 可参考朗西埃，《感性分享：美学的政治》（*The Politics of Aesthetics: The Distribution of the Sensible*），12；《歧义》，20-31，71-72。另可参考刘纪蕙，《"计算为一"与"一分为二"：论朗西埃与巴迪乌关于"空"与政治性主体之歧义》，《中外文学》42卷1期（2013.3）：15-64。

导致的不同主观位置与不同理解，造成了无法理解或是不愿意考量不同位置的人所说的话。话语内部的"间距"（écart），就是指在不同视角、不同感受性与不同主观位置之下拉出的距离。判断正义与非正义，或是对与错，已经透露了这个判断所依据的理性。"间距"（écart）：缺口、空隙、差异、间隔、距离（gap，space，difference，interval，distance），意指任何社会都必然有不平等的权力，共享的话语逻辑之下也必然存在不可共量性之差距。话语中的"间距"说明了这些差异与距离，而铭刻于话语中的空隙或是差异，则是不同主体性可能出现的空间。因此，朗西埃强调政治的起点就在于"无分者"挑战与扰乱原本已经稳定的计算理性，借由"无分者之分"所暴露的话语内之差异与距离，来打破组成者有分或是无分的感知配置，翻转与移动既有的稳定秩序，重组身体的配置逻辑，而带来原本不被计算者的解放。①

朗西埃强调，透过对立面（contraires）之媒介，才可能认清歧义之理性。话语中所标记的善恶区分，有用与无用的计算，合于其分或是无分——这些计算的理性模式与界限，只有透过其所指称为错误/偏差（le tort）的位置，也就是其对立面之媒介，而得以获知。从对立面，尤其是从被指认为错误者，我们正可以看到主宰性阶级所援用的计算理性之排除性。Tort 的字义带有"伤害""错误""侵权"等意思，其字源是拉丁文的 tortus，tortun，意思是"转向""扭转""偏转"（turn，twist，

---

① 见《歧义》，38-40；以及《十论政治》（"Ten Theses on Politics"），27-44。

torsion）。朗西埃使用既有"伤害""错误"，也有"偏差""转移"之意的 tort，说明了几个层次的意义：首先，既定话语逻辑所判断的"伤害"（tort）或是"错误"（tort），指认对方错误，伤害社会秩序或是侵权，其实是不同主观位置以及不同理性的判定，恰好暴露了此话语逻辑的盲域。其次，被认定为"错误"的"无分者之分"的出现，则使此话语逻辑发生了"中断""偏移"与"转向"（tortus）。朗西埃说明，"伤害"（le blaberon）的原本字义便是"流向中断"：中断既有的流向，也改变了分配的秩序。"扭转"，就是偏移与转向，是"根本的伤害"（cette torsion est le tort, le blaberon fundamental）。第三，朗西埃指出，一无所有的人们以"错误之名"（le nom du tort）认同一个共同体（la communauté au nom du tort），向那些拥有地位与财产，却使他们成为"无分者"而无立足之地的人，提出抗议。这些原本不被计算的无分者或是无产者之出现，改变了原本的秩序，而使得原本的共同体发生分裂。"无分者"的出现，中断原有的话语秩序，就是政治的"构成性错误或是扭转"（le tort ou la torsion constitutifs）（法文页 28，34）。

朗西埃说："政治的起点，就是这个主要的错误：在算术式秩序与几何式秩序之间，被人民的空洞自由创造出了悬置。……这不是要求赔偿的伤害，而是在说话者的分配核心引入了不可共量性。"（法文页 40）朗西埃以中断原有秩序作为政治的起点，同时也说明了共同体的共有根基或是共有起源之不可能，而必须不断地被构成与被修正。过错与偏差之展现，命名之扭转偏移（torsion），透过所谓的"空名"（le nom vide）挪出了空隙，而使无分者得以参与、得以言说，而成了政治之所以可能的起点。朗西埃强调,政治并不是透过共识而建立共同的生活形态,也不是透过共识而集结人群,或是仅在形式上达到平等。共识正是政治的结束。政治若是被视为建立一群人共同生活的形态,政治便失去了意义。政治的本质是非共识(dissensus)。共同体基本上不具有可共量的原则或是基础(arkhè)。一个社会的语言有其运行之功能与秩序,但是由于不同的理解,共同世界实际上就是由共同体与非共同体所构成的整体。共同体所使用的话语,最初便已经被不同位置与不同理性之间的差距所渗透。因此,非共识或是歧义,正是指话语中被安置的感受性分配与其自身之间的差距。对于朗西埃而言,政治便是干预话语既定的感受性分配体制之活动。政治使原本在感知坐标中没有参与之分的人得以介入。政治转移配置框架内被分配的身体位置,中断原有的法则与计算框架,引入了不可共量性,使不可见者得以出现,使无法被理解的无意义噪音成为有意义的话语。

对于朗西埃强调扰乱秩序与颠覆框架而透露的无政府主义色彩(anarchy),霍沃尔德(Peter Hallward)指出,这是基于他的平等预设——对于任何起源根基的挑战以及对于扰乱翻转的肯定(Hallward,"Staging Equality"140)。在朗西埃的脉络下,命名体系之下的"间距"或是"缺口",无论是话语理性或是感受性体制之下的空隙、间隔、差异、距离,这个不可共量的差距正是这个共享机制得以被挪动的基础。平等的预设,便是以间距与差异(écart)作为无根基(anarchy)的根基(arkhè)。朗西埃强调,任何以话语理性作为共同体的奠基起源或是根基,必然会以此根基作为分配秩序的话语逻辑,而设定了新的秩序与排除逻辑。但是，作为政治起点并且颠覆既有秩序的"人民"之名，乃是"空名"（le nom vide de peuple），只是挪移了原有秩序的"错误之名"，并不能够作为共同体的构成基础。共同体总是偶然形成，而其共有根基或是起源则是不可能的。①相对于被分配的身体位置，命名体系中的"无分者"便是话语中的差异、距离与缺口；政治化的行动，便是借由"空名"，扰乱并且翻转原有秩序，因而得以持续透过增加与补充的方式重组此分配结构（"Ten Theses on Politics"33）。朗西埃强调，这个扰乱与翻转并不是自觉意识的解放，因为自觉意识仍旧是被话语理性所事先决定的；他所强调的扰乱与翻转，是透过剧场式的演出，展现、翻转并且重新组织（performance, subversion, reframing）既有的感知分配机制（"The Method of Equality"276 - 277）。②在朗西埃的脉络中，这些空隙是不被分配也不占空间的"非地方"（non-place, non-lieu）。③这个"非地方"可能会被个人与群体赋予主体意义，打破原有秩序，而将自身放置于话语制造的暴力与平等逻辑之交会处，也可能是透过书写以及命名之扭转，而挪出的空隙。

朗西埃以人民为例，说明共同体根基之"空无"的本性，

---

①朗西埃在《歧义》中多处讨论共同体的无根基，参见33, 36, 40.

②Peter Hallward 也非常有说服力地指出了朗西埃前后期的著作持续凸显了政治的剧场性，无论是艺术、政治或是文学，都借由检验与颠覆原有被分配的身体位置，而展现了自由的平等。（"Staging Equality: Rancière's Theatrocracy and the Limits of Anarchic Equality"140 -157.）

③关于被分配的场所，以及不占空间的"非地方"（non-lieu），可见朗西埃在《歧义》中的讨论，例如53 -67，或是145, 162。

以及政治性主体之暂时性。人民本是个空名，然而这个"空名"使得原本不被计算也不占有份额者得以出现。"人民"之空名成为衡量不同现行政治体制之错误计算的模式，这个"空名"也使得人民本身并不具有任何实质"根基"。"错误之名"中断了雅典城邦统治者的自然秩序，扭转了原有的特定配置，而带来了政治性的改变时刻。但是，正因为人民是个"空名"，因此人民也是可被挪用之名，而会陷入现代政治理性之统计与计算的可见性模式，等同于种族的起源神话或是阶级共识，甚至被借用为商业操作的筹码。这就是为什么朗西埃会说，政治性主体必须总是暂时性的，必须在事件中出现后便消失。不然，新的秩序与共识阵营便会开启新的治安体制的部署。思考一个共处空间中不被计算而无法被理解的声音如何得以出现，如何能够使主体性行动脱离共识与同一的逻辑，便是朗西埃持续关注的政治性的问题。

二、"政治哲学"、政治、治安

林淑芬

我们该如何理解作为本书副标题的政治与哲学之间的关系，或在本书中不断地被加上引号的"政治哲学"呢？或许本书的书名"歧义"已经暗示了理解此一问题的关键。不过，由于朗西埃针对哲学与政治之间关系的反省可以追溯至20世纪70年代，因而，在进入本书的相关讨论之前，我想简述此一思想历程，以脉络化上述问题意识的形成与发展。

20世纪60年代中期，朗西埃与阿尔都塞（Louis Althusser）

等人合作出版了《阅读资本论》（Rancière 1967），然而阿尔都塞等知识分子在六八学运所采取的立场让朗西埃深感失望，促使他开始书写检讨阿尔都塞借由"认识论断裂"与"症状阅读"所强调之科学与意识形态的对立（1974a，1974b，1989a，1989b），并转而从事19世纪工人运动的档案研究。从朗西埃之后陆续出版的一系列关于工人言说、思想、行动档案及启蒙教育的研究中（1981，1983，1987，2007），不难发现他挑战马克思主义意识形态，批判传统所标举的真实与表象之分和其中所暗示的知性不平等的立场已经相当明确。在朗西埃看来，马克思主义透过赋予经济结构或所谓的"社会"在存有与实践层次上的真实性与优先性，批判种种政治表象与修辞，进而提倡真正的革命与解放的理想。然而，此一批判立场不仅忽视了"社会"这个被用来对抗意识形态表象的范畴，"其实是由一系列论述行动与认知场域的重组所构成"，亦即忽略了"社会"的真实性只有在特定的论述与感知场域中才得以成立（Panagia 2000：117），也因为操作了拥有科学知识的启蒙者与意识形态主体的区分，而否定了每个人与所有人在知性上的平等。在他晚近关于政治/美学的相关著作中，我们也可以看到他对于"批判"思想的持续质疑（2009b）。

对朗西埃而言，不论是马克思主义意识形态批判传统，或是当代社会科学的"社会真实/政治表象"这组对立，都是哲学及其化身用以压抑、驯化、置换政治的体制。而他于1990年与

1995年分别出版的《政治的边缘》①和《歧义》,则是借由与"政治哲学"对话,反思20世纪80年代以降的政治与知识情境,延续了对上述体制的探讨。值得注意的是,在这两部作品之间,朗西埃在关于哲学与政治的关系,以及相应于此的"政治"(politique)概念的思考上,有了进一步的厘清与发展,②掌握此一发展将有助于我们了解在《歧义》中加上引号的"政治哲学"的意义,以及何以在晚近的作品中,"政治"(la politique)与"治安"(la police)的区分取代了早先作品中"政治技艺"(l'art politique)与可以被翻译成"政治""政治性"或"政治场域"的"le politique"之间的区分。③

《政治的边缘》第一版出版于1990年,收录的三篇文章主要书写于1986到1988年间。时值1988年法国总统大选、苏联集团崩解前夕,各种关于政治、意识形态(特别是针对社会主义/马克思主义意识形态)终结、哲学乌托邦不复再有的说法方

---

①《政治的边缘》有两个版本。1990年的第一版收录了《民主的用途》《政治的终结或现实主义乌托邦》《平等者的共同体》。1995年根据第一个版本翻译而成的英译本则多了一篇《修正的民主》。1998年的法文版第二版仍未收录此篇文章,但是多了《政治、同一化、主体化》《它者的动因》《不可接受者》这三篇文章。

②我对于这个问题的思考,受到朗西埃与Davide Panagia在2000年的一篇访谈稿相当大的启发,参见Panagia(2000)。

③本节中针对"le politique"与"la politique"这两个概念,在朗西埃作品中的界定与转变乃是我个人的诠释,本书其他译者不见得同意我的诠释,两者的差异请见后文。我要特别感谢Davide Panagia、Samuel Chambers以及朗西埃所提供的协助。

兴未艾之际。朗西埃观察到当时的法国社会笼罩在一股现实主义论述氛围中：在拒绝应许式的哲学理想与追求理性、日常、自然、合乎本性的现实政治同时，强调社会分裂的可能，并以团结、和谐，避免内战的共识民主为务（1995：8－9）。对此，朗西埃强调，或许人们认为驱使政治冒险的哲学已然退位，政治人物可以务实地执行其管理的任务，但是此种现实主义仍旧是一种乌托邦，而支撑它的则是一种吊诡的政治技艺。借由此一技艺，公共事物与私人利益的追求被截然二分，"政治"（le politique）与"社会"（le social）则是既分离又彼此化约、相互驯服。也就是说，政治场域成为社会场域自发扩张的管理，并以化解社会分歧与冲突为目标；而各种社会性的制度安排与内在疆界的隔离与划分，则被用来防堵政治纷争的发生。换言之，哲学从未消失。朗西埃于是说："难道不就是在政治似乎已经将自己从哲学乌托邦的重负中释放出来之际，政治发现自己正处于一劳永逸地排除脱序政治的哲学计划应许之地？"（1995：4）《政治的边缘》这本论文集便是在这个脉络中，重新思考哲学的政治角色、政治技艺与民主实践的关联。

如果说论文集中《政治的终结或现实主义乌托邦》这篇文章充分体现了上述的观点，亦即，在现实主义政治终结的乌托邦中，"政治技艺便是抑制政治（le politique）的技艺"（1998：34），而哲学依旧协助达成"政治（le politique）的去政治化"的吊诡任务（1998：12），"政治哲学"因此成为一个自相矛盾的说法。那么，稍早完成的《民主的用途》，则是试图翻转柏拉图与亚里士多德政治哲学中，视政治为"将多样性民主的法则转化为共同体生活原则"（1998：15）的逻辑，使之成为具有民主实践意义的政治技艺。因此,哲学和政治并非前者压抑后者的单一关系。透过柏拉图对民主作为一种生活方式的批判①,与亚里士多德关于政治技艺或共同生活之技艺②的思考,以及19世纪工人实践的历史,朗西埃一方面不同意将民主仅仅视为一种政府的形式,另一方面则强调"民主发明"特有的"人为"与"欺眼"特质——工人们表现得仿佛自己也是平等者;富人与穷人之间仿佛存在着友谊。如此一来,不但既定的感知结构可以被颠覆,批判思想传统所试图揭露的"表象"也可以不再是导致主体臣属状态的错误认知,而是争议性政治主体化的显现(Rancière 1998:79-84; Panagia 2000:118)。不过,朗西埃亦指出,当时为了因应不同的问题脉络与政治情势,一方面从传统政治哲学中汲取养分,另一方面分析政治哲学对于政治的置换与抑制的做法,混淆了用以确保和谐安定的"政治技艺"和作为从整体中分离出来之集体力量的政治(Panagia 2000:

---

① 柏拉图在《理想国》第八卷中,批评民主生活方式是一种充满多样性的体系,强调所有事物的平等,因此没有原则与优先性,而且充满了偶然性(Rancière 1995:41-42)。

② 政治的技艺就是让政治对人民而言看起来像是民主,对寡头而言,看起来像是寡头制。朗西埃说这个技巧或许不只限于统治者,被统治者亦可以借此技术,进行民主发明(invention démocratique)。

118；2010a：180）。①

此处也涉及了《政治的边缘》中"le politique"这个在正文中未被直接阐述也难以准确中译的概念，及其与"la politique"的区分。论者对于此区分在朗西埃政治理论中的重要性尚无定论②，但是我们可以从1998年新版《序言》中看到朗西埃自己提出的说明。为了在宣称"政治终结"的时代说明"去政治化的政治技艺"本身的吊诡，为了同时反对对于形式民主的意识形态批判和对于共识民主的推崇，以及为了说明共识社会中排他性的集体的问题，有必要重新从"作为众人无序、冲突力量

---

①此处必须说明的是，这个访谈稿首先是以英文发表，在英文稿中，我们可以看到"the political"和"politics"的区分（分别作为"le politique"与"la politique"的英译），例如："Politics, I suggested, has always consisted in suppressing 'the political'"，以及"In my text, there was thus an untenable conflation of 'the political' understood as the power of a disincorporated collectivity, with the art of politics, understood philosophically as that mode of governance that can guarantee peace"（Panagia 2000：118）。不过之后收录在2010年出版的 Et tant pis pour les gens fatigués 经过朗西埃本人修订的法文版中，则无法看到此一区分或对于"le politique"的强调。上述两句话对应的法文分别是："La politique, disaise-je alors, a toujours consisté a supprimer la politique pour la réalizer"以及"Dans mon texte, il y avait alors une opposition intenable entre la politique entendue comme pouvoir d'une collectivité sans corps et l'art politique entendu comme le mode de gouvernement garantissant la paix"（Rancière 2010：179, 180）。此处说明两个版本之间存在差异的重点，不是为了强调朗西埃作品中的不一致，而是为了厘清朗西埃理论对于 le politique 与 la politique 这两个概念取舍的理论意义。

②目前既有的文献包括 Deranty（2003）、Dillon（2003）、Ieven（2009）等。

所特有之智慧的场所"的角度来思索"政治"（le politique）（1998：13）。换句话说，此一思索乃是企图将政治与强调共识、和谐的政治技艺区分开来。一般而言，"le politique"这个由形容词转化而成的名词，指的是作为哲学思考对象之共同生活的本质，在此或许亦可以译为"政治性"，其所讨论的是法律、权力与共同体的根本原则或共同生活的要求，与通常惯用于指称党派之间的权力争夺和治理技术等等政治活动的"la politique"有所不同。虽然朗西埃在《政治的边缘》中，特别是《政治的终结》这一章中广泛地使用了"le politique"这个概念，例如"政治技艺便是对于政治（le politique）的压抑的技艺"，但是，在此新版序言中，朗西埃指出，此一区分或者说对于"le politique"的重新思索造成了一些问题。最主要的问题是"共同生活"或"政治"（le politique）被当成一切政府行为与调解所有集体生活，乃至于是社会冲突所要回复的共同根源。如此一来，"政治"（le politique）不是被视为人类共同体的本质，便是被视作一种生活方式或社会形态。虽然如前所述，朗西埃曾试图撷取并转化柏拉图的民主生活方式与亚里士多德的政治技艺，使之成为民主的逻辑，但是在这个新版的序言中，朗西埃指出这些逻辑其实难以翻转，而是应该与其断裂。因此，朗西埃转而强调政治（la politique）不是一种管理的技艺或权力争夺的游戏，而是一种纷争性的例外，民主也不是一种集体象征化的"生活方式"。同时他也试图与某种作为人类共同生活或共在（être-en-commun）的本质或原则的政治（le politique）的概念进行切割（1998：13-16）。

事实上，在发表于1991年的《政治、认同与主体化》[①]中，

[①] 这篇文章收录于1998年版的《政治的边缘》。

朗西埃便已经重新修正了"le politique"的意义，并提出了在《歧义》及稍后发表的《十论政治》①中，甚为关键的"政治"（la politique）与"治安"（la police）的区分。在这个区分中，治安被界定为一种治理的技术，亦即共同体中每个人的感知、角色、位置等的秩序安排；而政治则是每个人与任何一个人之间的平等预设和证明的过程，亦即"解放"的过程。② 对朗西

---

①这篇文章最早发表于1996年，后收录于《政治的边缘》1998年版，其英译首先于2001年发表于网络期刊 *Theory and Event* 5：3，后收录于朗西埃2010b。

②此处值得一提的是，虽然在《歧义》这本书中讨论政治与治安这组区分时，朗西埃主动将之与福柯在20世纪70年代中期一系列关于治理性问题的讨论连结。但是朗西埃在之后的访谈中便强调，福柯生命政治中的治安和他所理解的治安不尽相同。他认为福柯谈的是控制个人和集体生命与身体的规训机制，而他自己的关注不是权力机构，而是据以界定策略和权力技术的感知分配（Rancière 2010b：95）。我们在翻译朗西埃这本书时，便曾经针对是否直接将"la police"译为"治理"这个问题进行讨论。在此简述我个人选择"治安"这个译语的考量：虽然朗西埃讨论"la police"时特别强调他所指的不是镇压性的国家机器，也就是说是在通用的法文中，人们可能倾向于将 la police 理解为狭义的军队、警察、国防等，但他仍然强调他将 la police 界定为一种感知分配与对于该分配所依循的规范的维护。同样的道理，在中文中，虽然我们往往会将"治安"与某些具有强制性、狭义的安全维护的机构与行动进行连结，例如"治安单位"，但是，我们亦可参照朗西埃的作法，让"治安"的意义从狭义的解释转变成较为广泛的指涉。事实上，如果说 la police 的古典意义中便有治理一意，那么，"治安"在古典中文的使用中，亦涵盖了民众生活各个层次的规范安排。此外，使用"治安"这个译语，亦可避免在中文语境中混淆 la police 与 gouvernement 这两个词汇。

埃而言，这两种异质的过程并非如19世纪的平等主义者雅各多（Joseph Jacotot）所坚持的，完全无法相容或互不相干，倘若如此，政治便无法发生。① 朗西埃认为，治安总是"侵犯"（faire tort）平等，而政治则是透过证明平等预设来处理此一错误（tort）。也是在这个认知上，"le politique"被重新界定为政治与治安这两个异质逻辑彼此遭遇、对峙的场域（Rancière 1998：112-113），因此在朗西埃此后的理论脉络中，可将"le politique"翻译为"政治场域"或"政治空间"。

《歧义》基本上延续了上述政治与治安的区分，但更加强调感知分配（partage du sensible）的面向："治安首先便是界定行动方式、存在方式与说话方式的身体秩序，并且监督那些身体被指派到某些位置或任务上。那是一种可见与可说的秩序，用来认定某个特定的行动可见，而另外一个行动不可见；某一言说可被当成论述来理解，而另一个言说则被当成噪音。"相对于此，政治指的则是一种特定的活动："任何将一个身体从原先被给定的位置中移动，或者改变该位置之目的的活动。它使原本没有位置、不可见的变成可见；使那些曾经只有喧杂噪音的地方，能够具有可被听见的论述；它让原本被当成噪音的，成为能够被理解的论述。"（法文页53）易言之，政治是每一个人与任何一个人知性平等的假设及其证成实践，此一实践旨在脱离、增补、重构被视为常态的治安秩序或原则（arkhê；arche），或是称之为感知体制所构作的感知分配。而政治则是一种解放的过程，是被视为

———————

①本书的第二章中，朗西埃再次针对雅各多的问题进行说明，法文版页58-59。

没有资格行使权力的人脱离被给定的社会角色、位置与感知模式，进而展现自身力量的特定主体化过程（1998：16-17），也就是本书中所反复强调的无分者的分离、参与及份额。

虽然在《歧义》中朗西埃并未针对政治场域这个概念提供任何进一步的阐述，但我认为他更充分地说明了政治与治安这两种异质逻辑遭遇之必然与必要。朗西埃认为，"政治没有自己的对象或议题"，政治是为了暴露治安秩序的"错误"而提出的争议性平等证明，因此"处处与治安遭遇"。不过，从治安秩序的角度看来，政治显然亦是一种错误。此处的"错误"不是一般法律诉讼中的逾越、侵犯或难以处理的极端邪恶，而是一个在政治主体化发生的过程中被揭露的错误。例如，在特定历史情境中，作为政治主体位置而非社会分类范畴的"工人"或"女人"，透过争议性的言说行动，揭发"人皆生而平等"这一普遍性原则和他们的具体处境之间的冲突，便是一种政治与治安遭遇的情境。不过，政治与治安的遭遇在朗西埃的理论之中具有更深层的意义。一方面，这意味着朗西埃不认为有必要从那个在共同体中仿佛失落、被压抑而必须重新寻回之具有第一义位阶的存有论范畴的角度来思考"政治性"（le politique），因而将关注转移到"次要的"（seconde）①、"后至的"的政治（la

---

① 此处或可说明朗西埃对于当代政治理论的存有论转向的保留。然而，拒绝所有主张政治可以从共同体的单一原则衍生而出的立场，是否也适用于其对当代激进或左派政治存有论的批评，以及朗西埃的理论是否真的不具有存有论的色彩、何以朗西埃对于存有论采取此一排斥的立场，则是另外一个值得深入探究的问题。参见朗西埃（2003a：11-15；2010a：211-218）。

politique)或政治场域上。而如果政治是对于共同体既存的感知、意义、身体配置的介入与重新发明（2010b：315），那么它并不具有绝对的纯粹性。政治是两个世界、两个逻辑的混合，在现实中无法与治安完全区分开来（2010a：207）。强调政治与治安遭遇之必要性的另一个意义，则是为了强调作为平等预设的政治，基本上是一个"空"的预设。所谓的空的预设，首先指的是在一个治安秩序试图建构的完满社会体中，借由错误的指认与平等的验证，增补一个具争议性的间距（écart），让原先看似天衣无缝、稳固的整体得以被扭转而发生变化。其次，所谓的空的预设也凸显了平等逻辑无法被实质化，也就是说，争议发生的事件、时间或空间，亦即平等的内涵、政治与治安遭遇的场所、涉及的行动者与所采取的行动与后果，既无法事先预期，也无法一劳永逸地实质化或建制化。平等验证是一个永无止境的过程，政治既没有源头，也没有终点。

值得一提的是，本书几处特别强调"le politique"① 这个用语的段落，皆与制度部署有关。例如，其中一处讨论的是亚里士多德"政治哲学"，将作为平等逻辑与社会体不平等逻辑之间的独特连结的"政治"（la politique）转化成为一种特定的、作为权力更迭之制度场所的"le politique"——此处译为"政制"似更贴近文意。如前所述，对朗西埃而言，政治处理治安的错误而处处与治安相遇，而其相遇的场所便是朗西埃所称的"政治场域"。他指出，在亚里士多德类政治的视野之中，这个政治

---

① 例如，在法文版第108与141页中，"le politique"的"le"或"du politique"的"du"均以斜体字强调。

场域被转化成一种制度安排。然而，政治场域既不是某个专属的、特定的制度性空间，也不是某种原初结构的空缺（Rancière 2003；2010b：3），它可以是任何政治与治安异质遭遇的场所，例如，由法律、制度所构成的政治场域。政治场域既是政治介入既有的法律制度而改变其原本结构的争议空间，也是既存体制用来再生产其正当性而试图缓解冲突与争议的场域，换言之，政治场域是一个"战场"。①

上述关于亚里士多德透过制度的安排转化政治的做法，所呈现的便是朗西埃对于亚里士多德"政治哲学"，或者说"政治哲学"整体较为清楚的定位。如果，在《政治的边缘》中，朗西埃既强调"表象"与"人为"作为一种民主政治技艺，而赋予亚里士多德"政治哲学"一个较为积极的角色，也注意到亚里士多德透过让人民在社会空间上处于离散状态的政治技艺降低冲突发生的可能，因而使得政治哲学与政治之间的关联显得摇摆，那么本书则更明确地主张，不论是传统的政治哲学或是

---

① 此处关于"le politique"的使用及其意义，乃是朗西埃在与笔者的通信（2010/12/26）中所提供的说明。其中"政治场域作为一个战场"的说法是一个值得进一步讨论的问题，但限于篇幅，无法在此展开。不过要提醒读者的是，从以上的讨论可以看出，朗西埃在不同的讨论脉络中，赋予le politique不同的意义。事实上，朗西埃也建议不要试图建立这些用语在不同作品当中的一致性，而是将其中的差异视为不同阶段的研究发展，而这正也是笔者看待此一问题的立场。

法国20世纪80年代之"政治哲学的重返"①，哲学总是以政治所带来的困境为其思索的对象，并且"透过取消政治来实现政治；透过哲学的实现'取代'政治来实现政治"（法文页97）。对朗西埃而言，政治哲学与政治之间的遭遇永远是一种冲突性的遭遇。本书第四章所阐述的便是政治哲学面对民主政治所带来的争议或错误与无分者之分所展现的吊诡时，试图让政治被化约为治安的三种形态。它们分别是"元政治"（archi-politique）、"类政治"（para-politique）与"后设政治"（meta-politique）。

以柏拉图政治哲学为原型，其后并体现于孟德斯鸠的启蒙时期共和思想的"元政治"，主要是透过提供一套得以体现天体运作的自然原则，或者符应有机体环境与性情的规范与精神教育，来安排、教化共同体中的各个成员的角色功能。元政治作为一种哲学家设想的"真理中的政治"，其目的在于废除民主这种"伪政治"（法文页118），让政治回归其真正的原则。在此种和谐的共同生活形态中，时间与空间完全饱和，人民的"自由"被"安分守己"的德性所取代，人人谨守其感受、思考、存在与行为的分际，共同体宛如一具毫无间距的有机体。政治不再是宣称自己作为无分之分者的平等人民（demos）所展现的

---

① 此处所称的"政治哲学的回归"，在法国的脉络中是指 Alain Renaut 与 Luc Ferry 等检讨"六八思想"的错误，并主张回归一种好的政治哲学的哲学家。朗西埃认为这些人所提倡的"好的政治哲学"是一种共和主义式普遍主义，也就是国家与自由主义宪政民主的紧密结合，参阅朗西埃2004：222-223。

吊诡冲突，而是一种理想的安排。

相较于此，亚里士多德的政治哲学则是一种试图调解两种异质逻辑的新形态政治哲学。亚里士多德虽然认同柏拉图的观点，亦即最好的政体是由最优秀者来进行统治的政体，但同时也承认人的政治天性、平等原则，以及城邦内部穷人与富人之间冲突的存在。朗西埃所界定的"类政治"便是在承认冲突的情况下，试图将政治问题置换成权力问题，并以此调解政治冲突的一种治安安排。此种安排让具争议性的行动者，亦即作为政治主体的人民，转变成为争夺统治权力的一方。其中，人民的平等虽然被承认并且被赋予了主权者的名号，但是在亚里士多德所设想的完善政体中，人民基本上仍是处于一种分散、疲于劳动的状态，无法真正地履行政治生活。对于朗西埃而言，类政治是对于民主纷争的模拟与解消。17世纪霍布斯的契约论所依循的便是类政治模式。不过，霍布斯政治哲学的个人主义，将亚里士多德中争取权力的各造转换为个人，透过一种每个人与每个人战争的自然状态的假设，推衍出将个人权利让渡出去的主权政治。霍布斯承认前政治社会中个人之间的冲突，但与亚里士多德不同的是，人民被打散成为个人，人不再被视为天生的政治存在，政治也不再是穷人与富人，或者无分者与有分者之间的无尽冲突。政治是权利让渡之后个人与国家之间权利与义务的安排，其目的在于取消共同体内部不同集体之间的争夺与冲突。

第三种"政治哲学"的形象则是"后设政治"。作为一种政治哲学，"后设政治"试图透过症状阅读，来揭露隐藏在事物表象或政治宣称之后的谎言。后设政治与柏拉图的元政治，乍看之下似有雷同之处，例如，马克思《论犹太人问题》中的观点和柏拉图对民主的批判，皆认为民主仅是表象与谎言，也就是两者皆是基于一种真理的位置发言。不过，后设政治所预设的绝对真理，不是柏拉图式的超验原则，而是"社会"或"阶级"真实。相较于其他试图遮掩社会真实的行动，由无产阶级所领导的阶级斗争才是暴露假象的真实社会运动。基本上，后设政治可被视为对元政治与类政治的批判：如果元政治旨在完全排除冲突，类政治试图收编、驯化冲突，那么，后设政治则彻底地承认冲突，只是对其而言，唯有阶级冲突才是真实的冲突。也因此在后设政治中，"政治中的假相，变成了政治的假相"（法文页124）。所有用来暴露、证明错误的行动，如果不是以无产阶级之名，如果不是基于阶级斗争的立场，便将遭受质疑与否定，或被视为"形式民主""资产阶级民主"。如此一来，人民表象的政治空间与作为一种空的逻辑的政治与平等也将不复存在。这也就是朗西埃所说的，如果被指定为非阶级的无产阶级本身的优位性未被解消，则将使阶级成为一个实体，并再度回复到一种秩序安排的状态（Rancière 1995：34）。

以上的讨论似乎暗示了哲学对于政治的全面压抑、排除或驯化，但是朗西埃所分析的政治哲学类型，在试图以不同的方案解决政治争议或去除政治吊诡的同时，也可能提供政治争议新的养分。也就是说，在政治处理错误的过程中，那些由于政治哲学想要建立一种无争议共同体，而亟欲从政治中排除出去的概念，往往会被政治回收来打开新的争议与论辩。例如，亚里士多德的类政治虽然试图转化政治冲突的形式，但也预设了人的政治性与人民争议、社会冲突发生的必然性。其现代形式，霍布斯式类政治，虽然否定了人的政治性以及不同社会群体之间的冲突，但是却也因为预设每一个人与所有人的战争状态，以及一套建立在此预设之上的权利让渡理论与主权逻辑，而无法否认人与人之间的平等，乃是让渡与主权正当性的基础。其后的政治争议也因而取得了一种新的元素，亦即，平等的维护或侵害成为让渡与否的依据，而对此平等的检视亦体现在对不顾人民生命福祉的"专制者"的质疑之中。这便是朗西埃所指出的，"理应在主权的套套逻辑中消失的人民，却成了一个必须要被预设的人物，成为主权真正的主体"（法文页116）。也就是说霍布斯的主权人民无法完全排除具有争议性的人民主体。而针对当代诸多批判思想对于权利宣言中"公民权"与"人权"之间差距所提出的诸多质疑，朗西埃则认为我们或许可以将之视为类政治所提供的新的争议元素。换句话说，重点不应在于指出权利宣言的虚构性，事实上，"人"与"公民"之间的间距，恰恰就是作为政治社会基础的人人平等原则遭受侵害的错误，也就是政治行动的空间。

至于后设政治的关键，则在于其与政治之间的纠缠不清，以及无产者这个极具争议的范畴本身所具有的可能性。后设政治是对于人与公民、劳动人民与主权人民之间间距的持续揭露，而此一揭露可以采取后设政治的做法，而将此间距视为形式民主政治谎言的证据；也可以采取另外一种形式，将此间距视为人民表象的空间。后设政治中的无产者，是消除所有阶级的阶级，是揭露所有民主表象的行动者。但是朗西埃认为，若从政治的角度观之，无产者其实是一种人民的特定发生、一种争议性的民主主体。不论是后设政治或政治皆试图揭露人民内部的间距，不过前者强调政治的幻象与民主的欺骗，而将自己视为真理的执行者；后者则拒绝社会真相与政治表象的对立，并致力于介入、重组既有的生存、说话与行动方式，亦即先前讨论过的政治与治安之间的遭遇。换句话说，社会不是政治的对立面，而是政治实现的场所。不过，如果马克思的无产阶级后设政治曾经因为自身所占据的真理位置而吊诡地实现元政治、元治安的梦想，朗西埃也提醒我们，不要忘记其去阶级化的诉求，亦是滋养民主运动的重要资源。

至此，或许我们可以了解朗西埃所说的，每一个政治都处于被治安吸纳收编的危险边缘上，但是政治主体化的过程也仅能在社会中发生。"政治永远都与某种'居间'有关。"同时，或许我们也可以理解朗西埃在本书第四章一开头所提示的，尽管哲学总是试图压抑、转化、置换政治，但是，相对于政治，哲学总是来得太迟。

三、民主/后－民主、共识

陈克伦

在朗西埃重探"政治"的思想路径当中，"民主"是核心概念之一。当朗西埃指出提出"民主"最根本激进的意义正是政治性范畴（le politique）的主体化行动时，也一并提出他对"现今民主"与其"共识体制"的批判基础：为何现今"自由民主"国家所运作的诸多"民主"机构陷入徒具形式的无效窘局？更甚者，这般状态表面上看似政局平稳，却也突显了"政治"的终结？朗西埃强调，问题不仅是马克思主义者对上述

"形式民主"之失效的忧虑，而恰恰是"自由民主"阵营吸取了马克思主义的冲击，进而转化出某种"治安性"的治理模式，且一并告别了"民主"以及"政治"。对朗西埃而言，倘若"现今民主"非关政治（apolitique），那正意味着所谓"民主"盛世走向与其自身对反的歧途。在本书第五章当中，朗西埃开宗明义地指出，现今将"民主"与"共识"等同视之的"常识"，事实上是将两个相互矛盾的词汇并置结合起来，而此一并合的矛盾说明了我们身处的"后民主"时代，同时，"后民主"一词的提法正是冲着其作为矛盾本身而来。因此，朗西埃的目的并非在"后民主"时代哀悼"民主"已死，他所提的问题更为复杂，但我们也不妨将问题用简单的方式提出：什么是"民主"？什么是"共识"？什么又是"共识性民主"？

何谓"民主"？朗西埃明确指出："民主"是一种"政治性存有"（être du politique）的方式，不应以治安管理与其分配部署的概念来理解"政治"。① 民主是"政治性"的主体化模式。朗西埃认为可以从三个面向来概括此主体化模式之特异性的部署：首先，是"一种人民特殊之表象领域的存在"（法文页139），此表象不造成与现实的对立，而是将现实进行分裂。其次，此分裂性来自于占据此表象领域的"人民"，它并非可供总数计算而简化的组成分子，相对应的，"人民"的特性在于其"无分之分"（une part des sans-part，法文页140）。它既存在于社会当中、亦可能包含在某些组成分子当中，但却无法分配/共

---

① 朗西埃关于"政治"（la politique）、"政治性"（le politique）以及"治安"（la police）概念的讨论，请参见本后记一与二。

享社会的份额,因此"人民"将此特性放置在简化的社会组成的身份之上,便形成某种双重性。朗西埃强调,"人民"具有的分裂式双重性就会扭转认同作用(le torsion de identification)。如此,第三个面向便是在一般性认同的安分状态中,透过治理性既定位置里各种偏差(tort)的对象(sujets de tort),进而引动具有争议性的人民表象场域。因此争议涉及的并非社会组成分子之间的利益问题,而是扰动不同的既定位置,使对话情境发生的交谈,是"治安"逻辑与"平等"逻辑的对立。

在朗西埃的论述中,"民主"作为"政治性"的主体化模式,而"政治"所以发生关乎"平等"的问题,但是"平等"不是透过算式统计或几何分配之概念而齐头化的"平等":它并不是透过参照知识与权力的契约化结构及其阶序,进以填充每一人与任何人之位置与功能,而平分化约出社会组成分子之间的"平等"关系,例如,公民身份皆为平等的表面宣言下,便取消了种族或贫富之间的差异,对朗西埃来说,此例的平等计算正是他所批判之"现今民主"更为虚无的治理模式。相对应的,朗西埃曾在《政治的边缘》一书中指出,"平等"是不一致且无法整合,却又不停地反复区分/共享(partage)的力量。①对朗西埃来说,"平等"不是一种可以测量可以预计的尺度,"平等"是一种空白(vide)的"间距"(écart),换言之,每一人与任何人并非被填充在治理体系之位置与功能的组织化当中,而是偶然地拓开了不同的言说者之间的"间距",在此空白的距

---

①雅克·朗西埃,《政治的边缘》(*On the Shores of Politics*)(*Aux bords du politique*, 1990), New York: Verso, 1995: 32-33.

离当中，彼此的不理解成为得以对话的可能性，换言之，"平等"意味任何言说者预设了彼此的"平等"。①

本书第二章里，朗西埃亦提到其早期论述就特别关注"平等"问题，在《无知的教师》一书中，他指出："平等不是一个要达成的目的，而是一个出发点，在每一个环节里必须保持的预设。真理无法为它代言。平等以永远在每处被验证的代价而存于其验证之中。"② 于是，对朗西埃来说，"平等"是"政治"的出发点，但"平等"不是"政治"的目的，而是"政治"发生在为"平等与否"而验证的争议空间，"平等"正是不被固化而预设其存在着的"间距"之本身。在本书第一章中，朗西埃便引述亚里士多德指出："平等与否"之争议性验证开启了"政治的空间"（le politique），同时这也意味着，任何人发起对其自身被固化之位置、份额、或甚至"无分"的争议。对朗西埃来说，此"政治的空间"、抑或"政治性"（le politique），其最为激活的形式，无非是上述"民主"作为"政治性"的主体化模式。任何人在被治理而被固化的位置与功能中，"平等"预设所持续激活的验证使不被治理体系认可的偏差对象也成为可被认同的，这意味着被固化之身份（identité）得以扭转其认

---

① 详见本书第二章中关于"平等"的论述。

② "Equality was not an end to attain, but a point of departure, a supposition to maintain in every circumstance. Never would truth speak up for it. Never would equality exist except in its verification and at the price of being verified always and everywhere." 雅克·朗西埃，《无知的教师》，Stanford: Stanford University Press, 1991: 138.

同，也是无身份者翻转了被绝对化且不可见的排除。在朗西埃的论述中，总合上述效应的主体正是所谓"人民"。"民主"效应里的"人民"意味某种肯定性的双重分裂，也不妨说，那是一种在差异中的加成作用，"人民"不等于公民，亦非人口组成，而恰恰是加入这些计算公式所排除而不被算入的"那些"，例如，任何人既可能被认定是工人，但也可以是诗人①。这般

---

① "既是工人也是诗人"，此一说法是朗西埃不断讨论的公案。在《获解放的观众》中，朗西埃也提到：巴黎六八学运之后，某年5月的一天，他读到一份19世纪30年代两位劳工的通信，刚加入圣西门派社群的劳工给另一位劳工朋友写信，他惬意地谈到乌托邦般的生活，白天劳动，晚上游戏、唱诗、说故事。另一位劳工朋友同样回信写到渡过美好春天的假日，这些通信的内容完全不同于一般劳工在假日为了消除疲惫准备好之后劳动所作的消遣书写。相对的，表达一种闲暇，充满了田园诗一般的感性惬意、哲学的沉思以及使徒般把握所有的机会与任何人交流信念的愉悦。朗西埃认为，劳工们的通信提供了另一种关于劳动条件与阶级意识的讯息。通信中，圣西门派（Saint-Simonian）的劳工不是制式地为他的朋友讲解社群规划好的生活，而是叙述关于快乐的一天的故事，相对的，另一位劳工理解对方惬意感受的方式是以自己闲暇时光的感受翻译出他的理解。他们以不同的方式分享了彼此的感受，甚至创造出了某种不属于其各自社群规范之意义的话语。朗西埃指出，这就是"一种平等的展现"，社群成员的感受突然与其身份条件的制约脱轨的片刻，"便重新共构了时间与空间、劳动与闲暇的区分/共享"。此处劳工书信的讨论来自于朗西埃在六八学运的冲击后对于19世纪劳工档案的研究。朗西埃指出，此封书信对他有决定性的启发。或许这封书信给朗西埃的冲击，正是其政治思想的前言，也是他探问民主的关键，更是近年关注美学问题的序曲。详见：Jacques Rancière, *The Emancipated Spectator* (*Le Spectateur émancipé*, 2008), New York: Verso, 2009: 18-19.

"既是……也可以是……"的作用,将"政治"之根本展现出来,超克被固化的单一性,同时也是"民主"最激进展现的效应。朗西埃在《民主之恨》(La haine de la démocratie)一书中,就明确地强调:"民主既不是以人民之名进行统治的寡头政府形式,也不是一种治理商品权力的社会形式。面对寡头政府及迫害生活的财富威权,它是不断地与这些垄断公共生活的权力进行角力的行动。在今日,更胜于过往,民主的力量就是去斗争这些浑成单一统治之法律的权力。"① 换言之,朗西埃对"民主"的根本设想,正是将"民主"交还给"人民",且不是任何被豢养而失去力量的人民,而是交还给随时随地都可能发动"政治"行动的"人民"。

相对的,朗西埃认为"现今民主"以"共识"体制取消了"民主",且将一切"人民"力量表象的"政治"争议,简化为国家与社会组成以及成员彼此利益的操作与部署。特别在冷战后,面对苏联解体以及所谓"民主"盛世的现况,朗西埃指出:现今"共识性民主"并非将共产政体垮台看作事不关己的失败,相对地,它了解马克思主义者对"自由民主"政体的攻讦,甚

---

①Democracy is neither a form of government that enables oligarchies to rule in the name of the people, nor is it a form of society that governs the power of commodities. It is the action that constantly wrests the monopoly of public life from oligarchic governments, and the omnipotence over lives from the power of wealth. It is the power that, today, more than ever, has to struggle against the confusion of these powers, rolled into one and the same law of domination. Jacques Rancière, *Hatred of Democracy* (*La haine de la démocratie*, 2005), New York: Verso, 2006: 96.

至取彼之长补己之短。朗西埃将之称作"后民主",并指出这是"共识性民主"挪用后设政治(meta-politique)的治安化实践。在朗西埃的论述中,"共识性民主"体制确立的关键牵涉到马克思主义引动的"政治"争议。朗西埃指出,当集权主义的垮台映衬着所谓"民主"之胜利时,总是存在着某些困惑。因为每当"民主"被带入司法、政治与经济的综合形式来表达其自身的胜利时,这些形式也可能立即受到怀疑。特别对马克思主义者来说,民主的胜利总是存在着"真实民主"与"形式民主"的对立。于是,一代代的马克思主义者所引发的"政治"争议都率先将其斗争的矛头指向"民主"的形式,诸如政党、投票机制、议会,甚至是根本的宪法,并质疑"形式民主"无法体现"真实民主"与真实"人民"的在场。然而,朗西埃指出"共识性民主"克服了这些质疑。

朗西埃认为鲍德里亚(Jean Baudrillard)的"拟像"与"仿拟物"理论脉络标示出一种"新政治"(une politique nouvelle)的解放性①,并成为马克思主义者"后设政治之真理的最终转向"(法文页146)。此马克思主义式的政治论述抱持着"拟像"即"真实"的信念,将此"拟像"的逻辑对立于表象与权力的关系,进而认为:当"多样性"解放了,那么多元身份的合理

---

① 朗西埃在本书第五章讨论此"新政治"的解放性时,特别透过书目的参照表达了他的批判,他主要针对的是 Gianni Vattimo 展开自鲍德里亚理论的著作:参见 Gianni Vattimo, *La Societe trasparente*, Paris: Desclée de Brouwer. 英译本, *The Transparent Society*, trans. David Webb, Baltimore: Johns Hopkins University Press, 1992.

性也得到解放，"拟像"的逻辑布置了一个"真实的世界"，多样多元的身份在此世界当中被要求是全然可见的。透过"拟像"的逻辑，似乎"新政治"的解放性方案成功地调解了"真实"与"形式"的对立，因为，"拟像"总是等同于其所布置的"真实"。然而，朗西埃尖锐地指出，此论述一方面对抗权力与表象的统合性，另一方面又矛盾地信仰"拟像"之多样性的"真实"。更甚者，对朗西埃来说，"政治"与其表象并非布置"真实"，而是将现实分裂为现实的副本，且引入非同质性的争议对象，但相对地在组成多元社会的"拟像"运动当中，每一个人的感受都可以找到一个映照自身的图像，抑或那就是一个获得认同之合理性的身份，使每一个人都可以成为社会的组成分子。实际上，"拟像"布置的真实世界不存在任何"扭转"认同作用或是"无分者之分"的问题，因为每一个人都成为固定且具可见性的身份。对朗西埃来说，此马克思主义式多样性解放的多元政治，不仅无法超克"后民主"时代的来临，反倒说明了"共识性民主"体制的活力与弹性，所谓"新政治"的解放性将被转化为"一种人口的治安形态，且根本地等同于其组成分子的精算"（法文页146）。

首先，"后民主"以一种对形式"冷感"的操作提出对马克思主义者的回应。此"冷感"特性并不意味取消形式，相对的，有鉴于马克思主义政治所带来的教训，倘若某些形式得以引发争议，那么"后民主"便致力于生产更多的形式，让任何可能集结"人民"之力量的争议，随着数不尽但又确实可数的各种形式而消退。所谓"冷感"的操作就是生产并使用诸多的形式来冷却任何对共同体有害之争议的可能性。过去由于"真实"与"形式"之对立所引发对"形式"的热切争议已不复存在。其次,"后民主"的治理模式正在于其不乏"形式"。透过司法程序、徒具形式的政治机构,以及经济需求的分析,"后民主"的治理将"人民"转换为多元性的诸多身份,因此体制中所谓公众舆论、权力单位,以及某种自身的义务,不管它们是如何的多样、如何的多元决定,没有人能逃出位置与功能的组织化建构,每一个人作为其自身被认可的身份都将成为共同体的缩影。"后民主"时代的"民主政治"单纯地意味着选择、参与、分配/共享,以及管理:根据司法程序以及各种服膺经济的要求,政治机构便生产各式各样给定的形式,让所谓"民主公民"不乏选择、不得不选择,乃至于事实上"人民"的力量已无法选择任何"政治性"表象的形式。此治理的手段就是所谓的"共识"。朗西埃指出,"共识性"治理的本质是所有个人与社会团体的一致性统合,"共识"是某种感受性的体制(régime du sensible),意味着每一个人的感受都被先行且客观地决定为某种得以、甚至必须参与社会的身份,而其客观决定的原则来自每一个人的意见与权利,但其意见与权利又必须立即与其身份等同,因此,"共识性"治理使共同体成为一种内在性的体制,每一个共同体成员的身份都映照着共同体本身。对朗西埃来说,"新政治"的设想或许在"后民主"时代得到了治理性的实践,"共识性民主"体制认肯多元身份且合理化在地性的任何能见度,透过普查意见与表达权利的科学方法,这些多元性也就是体制布置在其"拟像之真实"当中的基本单位。在朗西埃的论述中,"共识性民主"体制下的法治国家与其专业知识的处理程序似乎一方面巧妙地继承了集权体制的威权性,另一方面也看似进步地吸取了马克思主义者的解放性憧憬。

朗西埃直接指出,现下风行的"节制式"(modeste)国家,就是看似将权力归还给司法与社会,进而让治理单位显得节制或无威权性,但这不是为了让"政治"的争议得以出现而产生对话,而是巧妙地透过司法的程序以及社会各方利益的商讨,将"政治"争议作为专业知识的问题进一步处理并消解。朗西埃指出,"共识"的原则正是不处理"平等与否"的"政治"争议,并以司法程序运作的分配以及身份认同的正当性说明取而代之。司法的作用是给予共同体一个可供辨识的图式,让每一个人都可以诉诸司法而得到一个共同体的位置,也就是任何一个与自身感受相符且同自身利益也相符的公民身份;相对的,专家的专业知识也不过是给这些衡量与精算提供理由而已。共同体自身律法(nomos)的存在,不仅是一种外于个人生活的法律;每一个作为公民之个体的本性(phusis),也透过个体生活内化地印证共同体的律法。个人生活的实践,就是将自身实践为共同体的一分子,这是不留余地且不容许例外的,甚至任何例外也只是共同体透过"共识"原则,再次展现其活力与弹性的契机。因为任何遭受社会排除的人都将透过司法与专业知识的认定,而被给予新的身份,并剥夺其争议性"政治"行动的可能。朗西埃尖锐地指出,"共识性民主"体制已将"排除"的概念当作是增补身份、促进社会和谐,进而扩张共同体的契机,"排除"不再是可供主体化的象征,相对的,每一次社会关系的解体都意味着持续缔结新的社会契约,以及建立新生公民身份的再次启动。

对朗西埃来说,"共识性民主"以"民主"之名,取消

"民主"与"政治"。过去马克思主义者将作为生产力基础却失去价值与身份的无产阶级（proletariat）高举作超克性的政治主体，进而发动冲击自由主义政体的革命。现今"自由民主"阵营所操作的"共识性民主"，看似受教地将"政治"作为某种社会状态的表述，并以社会生产力填充"政治"的内容。但事实上，"共识性民主"狡狯地将"政治"行动解放生产力制约的憧憬替换为整合个人最大利益以及共同体最佳好处的"治安"理想国。这类国家的治理洗去集权式高压统治的污名，以"民主"之名要求对生产力身份进行分配/共享以及所谓适当的管理。它旨在解散"人民"，并根据社会参与及利益分配，使每个人将自我的欲求与上进心完全等同于各自的身份。因此，在其司法单位与政治机构配合市场经济要求之生产力分工所整合的既定规则下，任何新生公民身份的出现不仅不再具有进步性，甚至成为收编、取消争议的一般程序。在"共识性民主"体制当中，任何"政治"行动者都被取消发起争议的双重分裂性，不管如何努力都仅能获得各种单一身份的增补更迭，无法展开"多于一"（un-en-plus）而"超额"（un-en-trop）的主体化建构（法文页161）。看似多元的"共识性民主"，事实上却是每一人与任何人都同"共识"的法律图式绑束在一起。对朗西埃来说，"共识性民主"既非"民主"亦非"政治"，其本质就是治安性的单一化管理，"后民主"是耽溺于虚无主义回圈的时代，吟唱着国家权力与社会集体暴力的田园诗（idylle）。

四、人、人性、人权、人道主义

薛熙平

"人",既是思考的对象,也是思考者本身。换言之,"人"的概念乃是思考者试图思考自身所创造的概念。透过思考"人"的概念,思考者对自身和"他者"进行介入。这个介入是根本性的,同时涉及哲学上与政治上的规定与决定。我们可以先暂时将这些从"人"所发展出来的概念-问题表述如下:什么是人(l'homme)之为人(humain)的本质?什么又是非人(inhumain)?换言之,什么是人性(humanité)?由此引申,"谁"应该拥有"什么样的"人权(les droits de l'homme)?"谁"又可以接受"什么样的"人道主义(l'humanitaire)援助?

朗西埃在本书的第六章以及后续一篇名为《谁是人权的主体?》的文章中,对于这些概念-问题提出了他的思考。①在朗西埃所处的历史脉络中,这些问题牵涉了许多重大的政治及思想事件,包括二战时期纳粹对于犹太人的种族灭绝、阿尔及利亚

---

① 在本书第六章的基础上,朗西埃于 2004 年在 *South Atlantic Quarterly* (103:2/3) 上发表了一篇名为《谁是人权的主体?》("Who is the Subject of the Rights of Man?") 的文章,之后收录在 2010 年出版的论文集 *Dissensus* 之中。此处参考的是 2004 年的版本。朗西埃除了在这篇文章中以 Olympe de Gouges 的例子对"人权"做出更细致的界定之外,他也在这个议题上对于阿伦特(Hannah Arendt)和阿甘本(Giorgio Agamben)提出了重要的批判。

战争、法国20世纪60年代以降的反人文主义思潮、当代各种以普世人权和人道主义作为正当性基础的国际政治运作、20世纪末法国思想界的"伦理转向",等等。而他对于这些事件的思想回应,则在本书的第六章中,透过思考20世纪90年代苏联和东欧共产政权解体之后的欧洲而展开。他指出,在这场被宣告为自由民主对抗专制极权、法治对抗人治、乃至于人性对抗无人性的最终胜利之后,所谓的自由民主国家原本已经准备迎接"政治的终结"和普世人权/普遍人性的实现的到来。然而,新的冲突爆发了。以种族、族群或宗教之名,战争与压迫在"新兴民主国家"中不断发生,并且延烧至"老牌民主国家"内部:从波斯尼亚战争,到西欧的移民/移工暴动与极右派复苏。在这个新的局面中,不再是冷战时期人性与非人性政体的简单二分,而是在一个普遍人性的单一疆域上,非人性以各种"族群"的专有形式到处浮现/残留。于是,当代人的境况的特色就在于人性与非人性的重叠:每个人依据人的本质所应拥有的人性尊严,正好体现在那些不具有此等预设的人身上。

我们可以发现,朗西埃如此刻画的人性景象,和他所强调的"人民"的处境十分类似。如果"人民"乃是由一群一无所有者/无分者所自我宣称的整体之名,亦即,透过自我认同为整体人民的一分子,这些原本无分之人宣告其应有之分,那么,同样,当人性被预设为普遍存在于每一个人本身时,也正是那些其人性受到侵犯和否定的人,才是最需要确保和彰显其人性的人。

针对这个"无人性状态下的人性"的困难处境,朗西埃区分了两种面对的模式,尽管这两种模式在现实中常常混合在一起。这两种模式便是人权和人道主义。对于人权，如同读者可以在本书中读到的，朗西埃其实赋予了它相当积极的力量。在法国大革命的人权宣言中，"人生而自由平等"被宣告成为每个人都拥有的基本权利。这个宣告对朗西埃而言具有根本的重要性，其本身就是一个决定性的政治行动。它具有两层意义：首先，自由和平等（尤其是平等）成为政治的内涵；换言之，政治便是在追求人与人之间的平等。其次，它铭刻了一个人与人之间平等的世界；这个世界"现实地"存在于由国民议会所公布的《人权与公民权利宣言》的条文文本之中。这个"现实"需要再稍作说明，因为它标示着朗西埃的理论立场。首先，这个平等的权利不是先验、无历史的规范性理念。简化地说，在法国大革命之前，它并不存在。它是在这个具体现实的"宣言"之中发生的，透过语言的行动形成了一个为人们所感知与理解的世界。这个世界是现实的，但它只是一个权利"被宣告"的世界，而非一个权利"被实现"的世界。"后设政治"的立场会说，只有后者的世界才是真实世界，因此人权宣言只是一种形式平等、假平等，而非真实的平等。然而，对朗西埃而言，政治行动如果只局限在对于"政治"宣称/口号的虚假性的揭露，那么很可能将会成为最后一种消灭政治的哲学方式（亦即"后设政治"的政治哲学）。因为，单纯地揭发虚构，除了使虚构失效外，并无法产生新的改变现实的效力。相反，如果揭露"宣称"与"现实"的差距是政治行动的第一步，那么其所应该踏出的下一步是，设法将这个差距的展示发展为扭转的动力，亦即试图去验证宣言的现实效力。

这个验证可以从两个方向同时提出。首先，较常见的是，如上所述,人权在规范与现实上的落差。这里的验证形式是:在规范名义上拥有人权者,透过行动展示她们在现实中其实不具有人权、其人权不得实现。这是一个关于"欠缺"的演绎。另一方面,朗西埃更加强调的是关于"我们也可以",换句话说,平等的政治言说能力的论证。对此他曾举法国大革命时期的一位著名的革命女性 Olympe de Gouges 的名言为例:"如果女人有资格站上断头台的话,她们就有资格进入议会。"(Rancière 2004a: 303)这句话提出了一个论证:在女人是否拥有公民权、或者公民权是否是一种人权、或者女人是否是拥有权利的"人"和"公民"的系列论争上,它至少举出了一个女人具有政治身份/资格的证据:女人可以因为反革命的政治理由而被判刑处死。Olympe de Gouges 借由这一个平等的论据向男人提出,女人因此应该拥有参与议会政治的资格。(甚至,更根本的是,借由这个论说行动本身,Olympe de Gouges 已经展示和证明了女人同样拥有政治的论述能力!)这个方向的论证因此补充了负面展示的不足与欠缺,而正面地提出了已然平等的证据:我们事实上已经具有你们所拒绝承认于我们的能力、身份与权利,请你们承认吧!这正和朗西埃在本书第二章所举的、巴隆舍所重述的罗马平民寓言如出一辙。

相对于人权对于人性的普遍性和非人性的具体侵害案例所能够具有的政治争议效力,对朗西埃而言,人道主义则往往最终取消了当事人从事政治争议的资格和能力。在当代,人道主义往往以"人道救援"的形式出现,对于因为严重天灾、战争或内战而遭受巨大伤害的群体,提供维持生存所需的基本物资和医疗服务。人道工作者所面对的,往往是人的极限情境,试图将受难者从非人的处境中拉回人的世界。对于许多第一线的人道工作者,朗西埃是尊敬的,因此他特别澄清:"我们必须运送食物和医药给那些需要的人,而许多有着卓越能力和奉献精神的人费心尽力于这些重要的任务——这些都毫无疑问,也不会在此受到质疑。"他所要争议的是与人道主义相结合的另外两种操作。

首先,是列强以人道救援和人道干预之名所进行的国际现实政治操作。朗西埃认为,人道主义政治的运作往往是将人与人性、人权直接叠合起来,以彰显其非人性与无人权的处境,作为人道救援工作介入的理由。然而,这个单纯的叠合与对立,却往往取消了**人权的政治主体化作用**。无论是灾难的受难者还是"违反人性罪"的受害者,"援助"的过程往往演变成为"代言"。由于受难者同时既是人性/人权的拥有者,又是人性/人权的失去者,人道主义政权的介入于是面临两个选择:赋权(empowerment)或代理。朗西埃认为,人道主义政治的发展往往倾向于后者。在《谁是人权的主体?》一文中,他将这种由西方共识国家以施舍无用之物的方式向受难者输出的人权,称之为"人道主义权利"。有别于由无权者自我主张的论战式人权,人道主义权利则是一种被施舍的、无法自我主张的权利。得到人道主义权利的人,因此只能是无言的人、沉默的受害者。不仅如此,共识国家还进一步对此权利进行资源回收与再生。对于这个无法由受难者自我主张的权利,共识国家于是以权利的托管者和代理者之名,取得了进行治安管理的权利。人道主义权利于是再度转化为"人道干预的权利"(Rancière 2004a: 308-309)。在这里我们看到了一个人权经过"净化"而转变,成为国际治安暴力的正当性依据的过程。

朗西埃所试图区辨和批判的第二种人道主义操作,则是人道主义和当代欧陆激进哲学中的"伦理转向"的一种特殊结合。此处他主要的对话对象为利奥塔,而这个哲学的伦理转向亦有其历史脉络:正是二战中纳粹政权对于犹太人的种族灭绝行动。哲学,作为欧洲人所自视/自恃的人类文明的最高展现,如何面对就发生在其中心(正是德国)的非人性屠杀?如何"面对犹太人"?在朗西埃的解读中,伦理于是成为欧洲哲学对其自身最深沉激进的批判。哲学,作为思考的能力和学问,现在必须要去承认思考的局限,必须要面对那"不可思议"的"他者"。而始终尊奉其不可思之他者的犹太教和犹太人,现在就承继了这个他者的神圣名义,作为欧洲文明对其犯罪的证人,作为"违反人性罪"的受害者代表。然而,神圣化同时也意味着不可触、不可议、不可思。对朗西埃而言,这意味着斩断了政治的连结。这意味着"犹太人"被禁止成为一个政治的名义、一个政治主体的名字:它只专属于无语的受害者,而不再能够连结到民主争议的语言社群之中。在伦理化的人道主义政体里,因此不再能够提出六八学运中的口号:"我们都是德国犹太人。"哲学的伦理化,对朗西埃而言,因此演变成为哲学的去政治化,而这个去政治化则源自于哲学的自我除权:思考必须在各种非人性事件前自我节制,"不可思"在此由一种能力本身的局限转化为一种对于能力的设限。而在《谁是人权的主体?》一文最后,朗西埃也提醒我们关注这个哲学伦理化的现实政治翻版:伦理化的政治。在这里,政治不再是当下局势中的敌我对立,而是善与恶的势不两立。以人道主义之名绝对化受难者的同时,也绝对化了侵犯者。战争因此成为列强"代"无权的受难者伸张权利的"正义"之战，是对于"邪恶势力"的彻底清除（Rancière 2004a: 308 -309）。以"人性"之名所宣告的战争，如施米特（Carl Schmitt）所言，总是隐含着将敌人宣告为"非人"的企图。在这样的战争之中，人性将必须与非人性彻底区分开来，并且只有一方能够存活。最后，就算站着的是人性，这个"人"也将不再是人权的"人"，或是人民的"人"。换言之，不再是力图证明**人与人**之间的平等的"人"。

参考文献

朗西埃著作

1967　*Le concept de critique et la critique de l'économie politique des " manuscrits" de 1844 au " Capital"*, Maspero.

1974a　*La leçon d'Althusser*, Paris：Gallimard.

1974b　" On the Theory of Ideology – Althusser's Politics", *Radical Philosophy*, 7, Spring.

1989a　" The Concept of ' Critique' and the ' Critique of Political Economy' ", in Ali Rattansi ed., *Ideology, Method and Marx：Essays from Economy and Society*, London：Routledge.

1989b　" How to Use *Lire le Capital*", in Ali Rattansi ed., *Ideology, Method and Marx：Essays from Economy and Society*, London：Routledge.

1989c　*The Nights of Labor：the Workers' Dream in Nineteen-Century France* (*La nuit des prolétaires. Archives du rêve ouvrier*, Fayard, 1981), trans. John Drury. Temple University Press.

1991　*The Ignorant Schoolmaster：Five Lessons in Intellectual Emancipation* [*Le Maître ignorant : Cinq leçons sur l'émancipation intellectuelle* 1987] Stanford：Stanford University Press.

1995　*On the Shores of Politics* (*Aux bords du politique*, Editions Osiris, 1990), trans. Liz Heron. London, New York：Verso.

1998　*Aux bords du politique*, La Fabrique-éditions.

1999　*Disagreement：Politics and Philosophy* (*La mésentente. Politique et philosophie*, Paris：Galilée 1995), trans. Julie Rose. Minneapolis：University of Minnesota Press.

2000 "Literature, Politics, Aesthetics: Approaches to Democratic Disagreement", interviewed by Solange Guénoun and James H. Kavanagh, SubStance #92.

2001 "Ten Theses on Politics", trans. Davide Panagia and Rachel Bowlby. *Theory and Event* 5: 3.

2003a "The Thinking of Dissensus: Politics and Aesthetics", paper presented at conference "Fidelity to the Disagreement: Jacques Rancière and the Politica", Goldsmith College, London, 16 - 17 September, 2003.

2003b "Comment and Responses", in *Theory and Event*, 6: 4.

2004 *The Politics of Aesthetics: The Distribution of the Sensible* (*Le partage du sensible. Esthétique et politique*, Paris: La Fabrique, 2000), trans. Gabriel Rockhill. London & New York: Continuum.

2004a "Who is the Subject of the Rights of Man?" *South Atlantic Quarterly* 103: 2/3.

2006 *Hatred of Democracy* (*La haine de la démocratie*, La Fabrique, 2005), trans. Steve Corcoran. London & New York: Verso.

2007 *The Future of the Image* (*Le Destin des images*. Paris: La Fabrique, 2003), trans. Gregory Elliott, London & New York: Verso.

2009a "The Ethical Turn of Aesthetics and Politics", in *Aesthetics and its Discontents*, trans. Steven Corcoran. Cambridge: Polity.

2009b "The Misadventures of Critical Thought", in *The Emancipated Spectator*, Lodnon: Verso.

2009c *The Emancipated Spectator* [*Le Spectateur émancipé*, 2008], New

York: Verso.

2010a "Les mots du dissensus", in *Et tant pis pour les gens fatigues. Entretiens*, Editions Amsterdam.

2010b *Dissensus: On Politics and Aesthetics*, edited and translated by Steven Corcoran, New York: Continuum.

其他著作

Chambers, Samuel A. 2011. "Jacques Rancière and the problem of pure politics", *European Journal of Political Theory*, vol. 10, no. 3, 303 -326.

Deranty, Jean-Philippe. 2003. "Rancière and Contemporary Political Ontology", *Theory and Event* 6: 4.

Dillon, Michael. 2003. "De (void) of Politics: A Response to Jacques Rancière's Ten Theses on Politics", *Theory and Event*, 6: 4.

Foucault, Michel. 1988. "Truth, Power, Self: An Interview", interviewed by Luther H. Martin (1982), in *Technologies of the Self: A Seminar with Michel Foucault*, edited by Luther H. Martin, Huck Gutman and Patrick H. Hutton. Massachusetts: University of Massachusetts Press.

Hallward, Peter. 2009. "Staging Equality: Rancière's Theatrocracy and the Limits of Anarchic Equality". *Jacques Rancière: History, Politics, Aesthetics*. Ed. By Gabriel Rockhill & Philip Watts. Durham & London: Duke University Press: 140 -157.

Heidegger, Martin. 1995. *The Fundamental Concepts of Metaphysics: World, Finitude, Solitude* (1929—1930), trans. William McNeill and Nicholas Walker. Bloomington & Indianapolis: Indiana University Press.

Ieven, Bram. 2009. "Heteroreductives: Rancière's Disagreement with Ontology", *Parallex*, vol. 15, no. 3: 50 -62.

May, Todd. 2008. *The Political Thought of Jacques Rancière: Creating Equality*. Edinburgh: Edinburgh University Press.

Milchman, Alan and Alan Rosenberg eds. 2003. *Foucault and Heidegger: Critical Encounters*. London & Minneapolis: University of Minnesota Press.

Panagia, Davide. 2000. "Dissenting Words: A Conversation with Jacques Rancière", *Diacritics*, 30. 2: 113 -126.

著作权合同登记号：陕版出图字 25 -2012 -174

图书在版编目（CIP）数据

歧义：政治与哲学/（法）朗西埃著；刘纪蕙等译. —西安：西北大学出版社，2015.1（2024.12重印）
（精神译丛/徐晔，陈越主编）
ISBN 978-7-5604-3567-1

I. ①歧… II. ①朗… ②刘… III. ①政治哲学—研究 IV. ①D0

中国版本图书馆 CIP 数据核字（2015）第 013005 号

歧义：政治与哲学
[法] 雅克·朗西埃 著
刘纪蕙 林淑芬 陈克伦 薛熙平 译

出版发行	：西北大学出版社
地　　址	：西安市太白北路 229 号
邮　　编	：710069
电　　话	：029 -88302590
经　　销	：全国新华书店
印　　装	：陕西博文印务有限责任公司
开　　本	：889 毫米×1194 毫米　1/32
印　　张	：8.25
字　　数	：170 千
版　　次	：2015 年 1 月第 1 版　2024 年 12 月第 4 次印刷
书　　号	：ISBN 978-7-5604-3567-1
定　　价	：66.00 元

LA MÉSENTENTE

de Jacques Rancière

Copyright © Éditions Galilée 1995

Chinese simplified translation copyright © 2015

by Northwest University Press Co., Ltd.

ALL RIGHTS RESERVED

精神译丛（加*者为已出品种）

第一辑
*从莱布尼茨出发的逻辑学的形而上学始基	海德格尔
*德国观念论与当前哲学的困境	海德格尔
*正常与病态	康吉莱姆
*孟德斯鸠：政治与历史	阿尔都塞
*论再生产	阿尔都塞
*斯宾诺莎与政治	巴利巴尔
*词语的肉身：书写的政治	朗西埃
*歧义：政治与哲学	朗西埃
*例外状态	阿甘本
*来临中的共同体	阿甘本

第二辑
*海德格尔——贫困时代的思想家	洛维特
*政治与历史：从马基雅维利到马克思	阿尔都塞
*怎么办？	阿尔都塞
*赠予死亡	德里达
*恶的透明性：关于诸多极端现象的随笔	鲍德里亚
*权利的时代	博比奥
*民主的未来	博比奥
帝国与民族：1985—2005年重要作品	查特吉
*政治社会的世系：后殖民民主研究	查特吉
*民族与美学	柄谷行人

第三辑

*哲学史：从托马斯·阿奎那到康德	海德格尔
布莱希特论集	本雅明
*论拉辛	巴尔特
马基雅维利的孤独	阿尔都塞
写给非哲学家的哲学入门	阿尔都塞
*康德的批判哲学	德勒兹
*无知的教师：智力解放五讲	朗西埃
*野蛮的反常：巴鲁赫·斯宾诺莎那里的权力与力量	奈格里
*狄俄尼索斯的劳动：对国家—形式的批判	哈特 奈格里
免疫体：对生命的保护与否定	埃斯波西托

第四辑

*古代哲学的基本概念	海德格尔
黑格尔《精神现象学》的发生与结构（上卷）	伊波利特
卢梭三讲	阿尔都塞
*野兽与主权者（第一卷）	德里达
*野兽与主权者（第二卷）	德里达
*黑格尔或斯宾诺莎	马舍雷
第三人称：生命政治与非人哲学	埃斯波西托
二：政治神学机制与思想的位置	埃斯波西托
领导权与社会主义战略：走向激进的民主政治	拉克劳 穆夫
德勒兹：哲学学徒期	哈特

第五辑

*基督教的绝对性与宗教史	特洛尔奇
黑格尔《精神现象学》的发生与结构（下卷）	伊波利特
哲学与政治文集（第一卷）	阿尔都塞
*疯癫，语言，文学	福柯
*与斯宾诺莎同行：斯宾诺莎主义学说及其历史研究	马舍雷
事物的自然：斯宾诺莎《伦理学》第一部分导读	马舍雷
*感性生活：斯宾诺莎《伦理学》第三部分导读	马舍雷
拉帕里斯的真理：语言学、符号学与哲学	佩舍
速度与政治：论竞速学	维利里奥
《狱中札记》新选	葛兰西

第六辑

生命科学史中的意识形态与合理性	康吉莱姆
哲学与政治文集（第二卷）	阿尔都塞
心灵的现实性：斯宾诺莎《伦理学》第二部分导读	马舍雷
人的状况：斯宾诺莎《伦理学》第四部分导读	马舍雷
帕斯卡尔和波-罗亚尔	马兰
非哲学原理	拉吕埃勒
*连线大脑里的黑格尔	齐泽克
性与失败的绝对	齐泽克
*探究（一）	柄谷行人
*探究（二）	柄谷行人

第七辑

论批判理论：霍克海默文集（一）	霍克海默
*美学与政治	阿多诺 本雅明等
历史论集	阿尔都塞
斯宾诺莎哲学中的个体与共同体	马特龙
解放之途：斯宾诺莎《伦理学》第五部分导读	马舍雷
黑格尔与卡尔·施米特：在思辨与实证之间的政治	科维纲
十九世纪爱尔兰的学者和反叛者	伊格尔顿
炼狱中的哈姆雷特	格林布拉特
*活力物质："物"的政治生态学	本内特
葛兰西时刻：哲学、领导权与马克思主义	托马斯

第八辑

论哲学史：霍克海默文集（二）	霍克海默
哲学和科学家的自发哲学（1967）	阿尔都塞
模型的概念	巴迪乌
文学生产理论	马舍雷
马克思1845：《关于费尔巴哈的提纲》解读	马舍雷
艺术的历程·遥远的自由：论契诃夫	朗西埃
第一哲学，最后的哲学：形而上学与科学之间的西方知识	阿甘本
潜能政治学：意大利当代思想	维尔诺 哈特（编）
谢林之后的诸自然哲学	格兰特
摹仿，表现，构成：阿多诺《美学理论》研讨班	詹姆逊